DEBUT D'UNE SERIE DE DOCUMENTS EN COULEUR

NICE - GUIDE

NOUVEAU CICÉRONE DES ÉTRANGERS

CONTENANT

Des Documents Inédits et des Renseignements Complets

SUR

NICE ET SES ENVIRONS

SUIVI DES

LÉGENDES DES VILLAS

Et de deux Cartes Topographiques

PAR

LÉO WATRIPON

NICE
IMPRIMERIE ADMINISTRATIVE, FARAUD ET CONSO
rue du Pont-Neuf, 9.

1869.

Guide cherche à primer ses aînés en prenant pour type les cicérones anglais, où l'on a eu toujours soin d'éviter la confusion, les redites, les bavardages et surtout les critiques mesquines qui intéressent fort peu les voyageurs et principalement les insulaires, gens fort sobres de paroles, avides de renseignements, de curiosités et d'un laconisme aussi désespérant que leur langue.

Après son histoire à vol d'oiseau, *Nice-Guide* est tout simplement divisé comme les points cardinaux en quatre parties, savoir :

1° *Historique de Nice.* — 2° *Ses Monuments et ses Promenades (intra muros).* — 3° *Excursions aux quatre points cardinaux (extra muros), divisées chacune en six Journées.* — 4° *Poignées de Renseignements.*

Au fur et à mesure que nous marcherons, nous éviterons les grandes enjambées et nous aurons soin de ne fournir que les renseignements les plus brefs, les plus concis, les plus utiles, accompagnés de remarques les moins banales et les plus sensées.

PREMIÈRE PARTIE

CHAPITRE Ier

Historique de Nice

Nice se divise aujourd'hui en deux parties distinctes : Nice le vieux et Nice le neuf. Le *Paillon*, cette affreuse crevasse qu'on a eu l'heureuse idée de voûter au cœur de la ville, lui sert pour ainsi dire de nouvelle frontière ; elle établit une ligne de démarcation bien distincte entre la vie française et la vie italienne. D'un côté, des maisons, des palais d'un aspect, d'une forme grandiose, perdus au milieu d'une masse de cassines, d'échoppes, d'étables, et d'écuries mêmes, noirs de fumée, de boue et de crasse ; de l'autre, une immense rangée de maisons hautes et blanches alignées, avec symétrie comme un peloton de soldats, et, d'un puritanisme à dé-

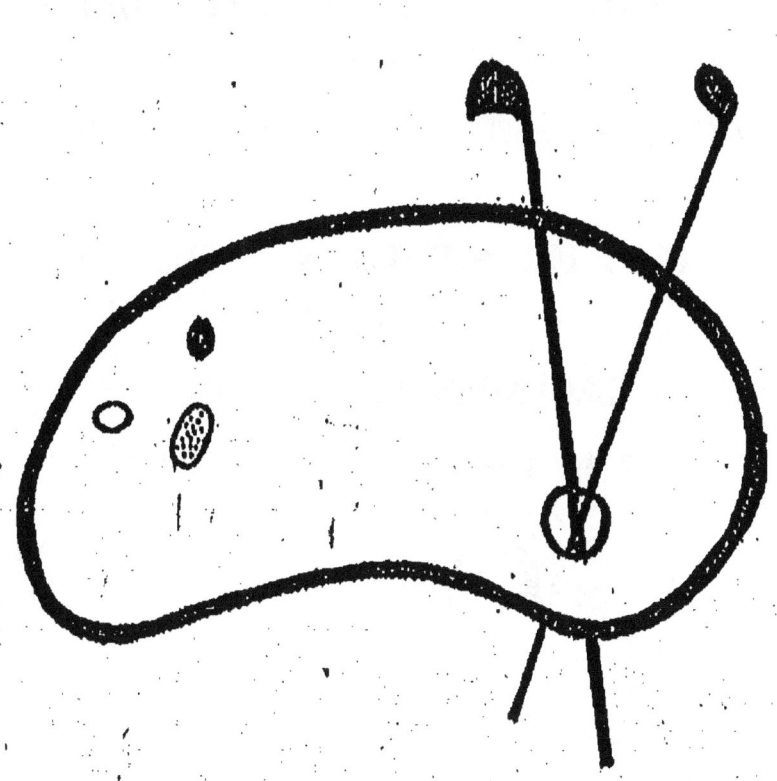

FIN D'UNE SERIE DE DOCUMENTS EN COULEUR

NICE - GUIDE

NOUVEAU CICÉRONE DES ÉTRANGERS

CONTENANT

Des Documents Inédits et des Renseignements Complets

SUR

NICE ET SES ENVIRONS

SUIVI DES

LÉGENDES DES VILLAS

Et de deux Cartes Topographiques

PAR

LÉO WATRIPON

NICE

IMPRIMERIE ADMINISTRATIVE,␣FARAUD ET CONSO
rue du Pont-Neuf, 9.

1860.

PRÉFACE

Depuis longtemps il pleut des *guides* à Nice, c'est dire qu'au milieu de ces flots de papiers, de ce déluge de renseignements, l'étranger a souvent beaucoup de peine à retrouver ce fil d'Ariane qui doit le conduire, les yeux fermés, aux quatre coins de la ville. Loin de nous l'idée de mépriser les œuvres de nos confrères, les autres faiseurs de guides; cependant qu'il nous soit permis de constater que ni les uns ni les autres nous ne sommes pas encore arrivés à ce degré de perfection qui distingue les guides Anglais des nôtres. Voilà pourquoi *Nice-*

A LA HALLE

COMMERCE ET EXPÉDITIONS
de Marée, Volaille, Gibier, Épicerie, Vins et Thés.

M^{llin} MOUTON
6 — Rue Masséna — 6
NICE
Livraison à Domicile.

Photo-Miniature
NOUVEAU PROCÉDÉ DE
COLORIS NATUREL

Fnd CHARDONNET
Rue du Temple, 7
près la Place Grimaldi.
Reproductions et Agrandissement
DE PHOTOGRAPHIE.

HOTEL DES PRINCES

Aux Ponchettes

Propriétaire, M. ISNARD.

L'HOTEL DES PRINCES a une situation merveilleuse, au pied de l'historique rocher de la Tour Bellanda, aux Ponchettes. Il donne aux étrangers l'avantage d'être abrités contre les moindres vents, au bord même de la mer. — Il forme le trait d'union entre le Port et le centre de la ville.

Les améliorations que le propriétaire a faites cette année dans son établissement, ajoutent encore au confort, à l'élégance et à la commodité de l'hôtel.

Il suffit de citer les noms des personnages de distinction qui l'ont habité, pour se faire une idée de sa bonne tenue et de sa réputation.

sespérer tous les enfants de la voluptueuse et coquette Ibérie. A la rigueur on pourrait se figurer Nice comme une ville homogène, un composé de l'Europe et de l'Asie.

Sur la rive gauche du Paillon, qui est l'envers du faubourg St-Germain, se trouve le vieux Nice et sur la rive droite, Nice le neuf.

Afin de s'initier à l'histoire et aux mœurs de Nice, on peut se transporter dans la vieille ville, et le livre en mains, consulter ses ruines sur lesquelles sont inscrites les pages les plus glorieuses de son histoire.

Mais avant d'admirer tous ses charmes, toutes ses beautés, essayons de lire dans son livre.

Marseille, fondée par une colonie grecque (600 ans avant J.-C.) acquit une telle puissance qu'elle se créa de nombreux ennemis. Les Liguriens, ces intrépides montagnards, ce mélange de corsaires et de flibustiers de la partie septentrionale de l'Italie, ne manquèrent de la voir d'un air jaloux s'élever près d'eux comme un colosse qui menaçait de les écraser sous le poids de sa puissance et de sa tyrannie. De là, des agressions audacieuses qui lassèrent les Phocéens et les forcèrent à rassembler une armée considérable. Plusieurs combats où ils furent victorieux refoulèrent leurs ennemis jusque dans les Alpes. Ce fut sur l'emplacement même de leurs plus grands succès qu'ils construisirent un poste retranché ou fort qui reçut le nom de Νικη, ville de la victoire. (374 ans avant J.-C.).

Telle fut assure-t-on, l'origine de Nice.

Dans ses *Recherches sur l'origine de Nice*, M. Brun, architecte, combat cette première donnée :

« Aucun auteur, dit-il, n'a encore déterminé d'une manière exacte l'époque de la fondation de Nice ; quelques-uns la fixent à l'an 380 avant Jésus-Christ, d'autres la font remonter jusque vers le milieu du sixième siècle avant notre ère. La même incertitude règne relativement à son origine, qu'on attribue tantôt à l'émigration directe d'une peuplade d'Ionie, tantôt à l'extension de la domination marseillaise sur le littoral de la Méditerranée.

« Presque tous les historiens ont désigné le promontoire du Château comme le point du premier établissement, et placé la ville phocéenne au lieu même où s'éleva plus tard la forteresse du moyenâge. Nous pensons, au contraire, que les premières constructions furent élevées sur le bord du rivage, non loin des quartiers des Ponchettes et du Cours.

« Toutes les villes antiques eurent un temple dans le voisinage du port ; à Marseille, contrairement à l'affirmation de Strabon, il est prouvé que le temple de Diane était situé à l'emplacement de l'ancienne église métropolitaine dite la *Major*, tout à fait au bord de la mer.

« Le premier temple des Phocéens à Nice dut être également situé près du rivage, et tout nous porte à croire que la petite chapelle de Saint-Lambert, fondée en l'an 1153, nommée plus tard chapelle du Saint-Suaire, orientée comme les temples antiques, rectangulaire comme eux, a été édifiée dans le voisinage et peut-être même sur l'emplacement de l'*Ephesium* ; car, du temps immémorial, il y a eu une chapelle en cet endroit, et l'on sait que le christianisme conserva, presque partout, pour ses temples, les mêmes emplacements qu'occupaient ceux du culte qu'il remplaça.

« Selon nous, cette petite chapelle de la place de la Poissonnerie actuelle fut le centre de la ville primitive, qui devait occuper l'espace compris entre la place Saint-Dominique et les premiers contreforts de la colline du Château.

« A partir du point le plus oriental, les escarpements du Château formaient une ligne de défense qu'un poste d'observation, détaché sur le sommet de l'escarpement, dût suffire à garder ; à l'ouest, les marécages formés par l'embouchure d'un cours d'eau (1) donnèrent un flanquement, qu'un fossé

---

(1) Plusieurs auteurs ont affirmé que le Paillon débouchait autrefois dans le port de Lympia ; Papon n'est pas de cet avis : s'il en avait été ainsi, les fouilles faites dans le quartier de Riquier et les rues voisines du port

et quelques pieux complétèrent facilement cette dernière ligne, s'infléchissant vers le nord, venait rejoindre les pentes escarpées de la colline où fut, au moyen-âge, établi le Château. Tel fut, selon nous, l'emplacement du premier établissement phocéen sur notre rivage.

« Il n'y a pas lieu d'être surpris qu'aucune trace de l'ancienne ville phocéenne n'ait été retrouvée; Nice a suivi la règle commune : elle a été souvent saccagée et s'est toujours relevée de ses cendres plus florissantes qu'avant. Cimiès, sa voisine, a, au contraire, été entièrement abandonnée après son saccagement par les Lombards, ce qui fait qu'on retrouve encore quelques vestiges de ses anciens monuments.

« Les constructions de l'époque grecque devaient,

auraient fait découvrir les galets de son ancien lit, il est certain qu'on n'a jamais trouvé dans ces excavations ni galets, ni gravier. Cependant, le Paillon formait anciennement une courbe vers la place Victor. En supposant que le Paillon ait été dévié de son cours, à quelle époque aurait eu lieu cette déviation ? Quelques-uns prétendent qu'elle est toute moderne et que ce cours d'eau figure à l'est de Nice, sur un plan du dix-septième siècle; probablement le projet de Vauban (1675) ou celui qui figure dans le *Theatrum Pedemontanum*. Ce qu'il y a de certain, c'est que le Paillon emporta, en 1530, le pont Saint-Antoine, qui fut reconstruit à l'emplacement même du Pont-Vieux actuel, et qu'aucun passage de l'histoire de Nice ne fait mention des travaux de dérivation de ce cours d'eau.

du reste, être de peu d'importance ; car les Phocéens avaient pris, depuis longtemps, l'habitude du commerce et le goût des choses positives, qu'ils ont à travers les âges, transmis avec tant de puissance à leurs descendants, qui sont, on peut le dire hautement, en présence de l'activité marseillaise, les premiers commerçants de l'Europe méridionale. »

Mais, comme Carthage, Nice devait avoir sa Rome. Cimiès, *Cemenelum*, quoique sortie du sang de ces mêmes Liguriens, devint la souveraine de Nice.

Rome, la despote, l'impératrice du monde qui avait asservi tant de peuples, fut à son tour vaincue, domptée par les Barbares. Des Goths elle tomba dans les bras des Bourguignons, des Bourguignons dans ceux des Visigoths et des Lombards, puis comme finale sous les derniers coups des Franks méridionaux.

Au milieu du VIIme siècle, Nice conquiert son indépendance, elle fait partie de la confédération des villes italiennes ; une idée qui date du septième siècle et que nous retrouvons toujours ancrée dans l'esprit et le cerveau d'hommes très-sérieux et très-haut placés, au milieu de notre dix-neuvième siècle.

Quelle lente machine que le monde !

Douze siècles n'ont encore pu avoir raison de cette vieille idée : *la Confédération Italienne !*

C'est ce que jadis les Anglais voulaient faire de la France.

En 740, c'est-à-dire un siècle après, Nice se redonna aux Comtes de Provence. Mais il s'agissait de lutter contre un ennemi aussi redoutable que les soldats de César, d'Auguste ou de Tibère, les Sarrasins ! Guidée par Gibolid Grimoaldus (l'un des Grimaldi de Nice et de Monaco) elle parvint à les vaincre et à les repousser dans une délicieuse tannière, dont nous parlerons plus loin, à St-Hospice (947).

De l'an 950 à l'an 1000, Nice vécut tant bien que mal sous les caprices et la sottise de certains comtes dont l'histoire ne se fait pas une gloire de buriner ou de citer les noms.

Vers le commencement du XIIme siècle, en 1108 Nice mit sans façon ses comtes à la porte et se déclara ville libre, c'est-à-dire en république.

Alphonse II de Provence s'empare d'elle en 1176. C'est seulement en 1215 qu'elle parvient à lui échapper. Pise et Gênes lui offrent une alliance elle se jette dans leurs bras et redevient une troisième fois république.

Les comtes de Provence voient naturellement cette alliance de très-mauvais œil, ils se servent aussi d'une autre alliée, la trahison ; à l'aide de laquelle ils parviennent à la ressaisir (1229).

Et ils la gardent jusqu'à ce que le mariage de Béatrix, fille de Raymond-Béranger II, comte de Provence, avec Charles d'Anjou, frère de St-Louis (l'un des premiers honnêtes gens qu'elle eut fort heureusement l'occasion de connaître) la donne à la maison d'Anjou.

En 1382 les d'Anjou commencent à compromettre leur petite dynastie. Le roi de Naples, Robert d'Anjou, comte de Provence, pardessus le marché; et encore poète, pardessus tout cela, abandonne sa couronne à sa petite fille Jeanne Ire, morte sans héritiers. A partir de ce moment deux prétendants s'élancent sur ce lit de mort; il s'agit de se disputer une couronne que l'un d'eux doit ramasser dans le sang des niçois ou dans celui des napolitains.

Ici admirons la générosité des princes de la maison d'Anjou.

Après une guerre civile, qui dure de 382 à 1288, Nice, à bout de ressources et de dévouement, demande des secours à l'un des princes qu'elle avait soutenu, à Ladislas, successeur de Charles de Duras dont elle avait soutenue l'oriflamme. Ladislas, loin de s'enorgueillir d'un pareil acte de fidélité, lui signifie tout simplement, par exploit de son secrétaire, qu'elle est à choisir le prince qui lui plaira, à l'exception de son antagoniste.

On pense bien que Nice ne fut pas fâchée de ce

désistement. Aussi se donna-t-elle de plein gré au comte de Savoie, Amédée VII, le Rouge, qui eût fort peu de peine à vaincre les troupes de Louis d'Anjou, frère du roi de France Charles V, antagoniste de Robert d'Anjou, qui voulait s'imposer à Nice malgré la signification de son rival et le vœu des habitants.

Afin de sauver sa dignité royale et de prouver qu'il savait vivre en prince, Ladislas s'accomoda avec le fils Amédée VII et au moyen d'un traité, stipulant trois années qu'il s'était réservées, Nice obtint privilèges et port franc.

Sa liberté renaquit encore de ses cendres (1371).

Il faut rendre grâce au moyen-âge d'avoir respecté ce traité populaire qui lui assignait enfin une place dans un pays puissant, chez un voisin dont elle avait épousé la cause. Cette union qui lui valut pendant un temps le nom de *civitas fidelissima* dura jusqu'en 1792.

De 1792 à 1814 elle fut ce qu'elle est aujourd'hui. Puis les alliés la firent retomber dans les bras de ses anciens alliés, elle en ressortit encore pour se rejeter dans les nôtres.

C'est le sort ou plutôt le jeu des peuples de lutter ainsi contre toutes les péripéties de la vie humaine, jusqu'à ce qu'une main plus forte, plus puissante que celle des hommes, la main de Dieu, leur assigne la véritable place qu'ils ont méritée par leur sagesse, leur gloire, leurs luttes, leurs souffrances.

Ainsi marche l'humanité.

L'histoire de Nice est celle de tous les peuples.

En résumé, quelle est la philosophie de l'histoire de Nice ? La voici, elle est écrite de main de maître par M. J. Fervel :

« Terminons en résumant cette chronique de vingt et un siècles, qui atteste la nationalité occidentale des Alpes-Maritimes ; question qui, pour un peu de vague que la nature a laissé sur cette frontière, a été si longtemps controversée par les hommes.

« En effet, pour ne parler que des controverses d'autrefois, si des itinéraires célèbres fixaient jadis, comme le monument d'Auguste, aux hauteurs de la Turbie, le confin de l'Italie et des Gaules, et si le quatrième concile de Vienne en Dauphiné englobait Nice dans les provinces françaises, les anciens géographes, Ptolémée, Strabon, Pline, Mela, plaçaient au Var la limite des deux nations.

« Nous sommes à l'origine de l'histoire, et dans les monts Céménos, qu'explorent tour-à-tour des Égyptiens et des Grecs des deux rivages de l'Archipel, on parle la langue celtique des bords de notre Océan, car on en retrouve encore des traces dans l'idiome provençal du pays. Donc, à l'origine, la rive gauche du Var relevait de la droite des Aborigènes du couchant. Mais les peuplades des Gaules sont pour le moment dispersées, désunies, et les Liguriens forment dans la grande vallée du Pô une nation compacte : les Liguriens remplacent les Celtes dans les monts Cémènos ; c'est la conséquence forcée d'une situation transitoire.

« Cependant les Phocéens abordent le littoral qui sera un jour la Provence, et, de Marseille, ils commandent par leur Marine dans le golfe de Lyon ; par leur courage et leur discipline, ils dominent aussi sur terre, ils se font place aux environs du port d'Hercule, et Nice est fondée aux portes mêmes de la capitale des Liguriens. Les indigènes s'acharnent, mais en vain, contre ce nouvel établissement ; la nature des choses est plus forte que les passions jalouses des hommes : les Massiliens développent autour de Cimiès leurs cultures, leur commerce, leur langue, et s'ils songent à défendre leur colonie, c'est sur le Var, c'est contre les peuples chevelus des bords du Rhône qu'ils la prémunissent par la tête du port d'Antibes. La prospérité de la brillante fille de Marseille est d'ailleurs si rapide, qu'elle vient bientôt en aide aux flottes qui vont combattre Carthage. Le conquérant des Gaules fait des Alpes-Maritimes une province romaine, mais il laisse

Nice sous la juridiction de son antique métropole, et le neveu de César marque à la Turbie, à un des points de la frontière actuelle, la limite du sol italien, délimitation qui est confirmée par la plupart des itinéraires du Haut-Empire.

« Le colosse de Rome tombe, et le torrent des barbares écroulé sur ses ruines, les Francs restent maîtres des Gaules : aussitôt Nice se donne aux rois d'Austrasie, et si, de 639 à 741, elle se rattache, sous le protectorat de Gênes, à la confédération des républiques italiennes, il semble que ce soit pour attendre la fin de la longue agonie des Mérovingiens ; car à peine les rois fainéants se sont-ils évanouis, que l'ancienne colonie marseillaise se hâte de s'abriter sous le bouclier du vainqueur de Poitiers. Les Génois l'avaient sauvée des Sarrasins, en 729 ; elle est moins heureuse sous Charlemagne, car, après Roncevaux, elle est entièrement ruinée par les corsaires d'Afrique. Cependant elle n'en reste pas moins fidèle à la seconde race de nos rois, et quand, au second partage de l'empire d'Occident, elle doit se donner un nouveau protecteur, elle choisit celui qui a ramassé dans le sang la couronne d'Arles (879).

« Les comtes d'Arles à leur tour, ne peuvent délivrer les Niçois des Sarrasins qui les dévorent, il faut que leur salut descende des Alpes Germaniques : néanmoins la reconnaissance, ce redoutable écueil de la liberté, ne les jette pas dans les bras de leur sauveur, quoique Othon le Grand vienne de poser sur sa tête la couronne de fer des Lombards, leurs voisins ; ils sentent que leurs intérêts sont indissolublement liés à ceux de la Provence, et, à l'imitation des villes provençales insurgées contre les rois d'Aragon, qui, par héritage de femmes, avaient succédé à leurs comtes, ils se forment en république. Elles durent peu, ces petites républiques provençales, mais la soumission du pays que les armes du rude Aragonais n'ont qu'ébauchée, la civilisation de la race marseillaise l'achève : la cour d'Arles devient la plus éclairée comme la plus brillante de l'Europe, et Nice, sous ces comtes-rois, jouit d'une prospérité factice.

« Cependant l'attachement de Nice à la Provence allait être mis à une bien dure épreuve. L'heureux beau-père de Louis IX, de Henri III d'Angleterre, et de Richard, roi des Romains, Bérenger IV, meurt sans héritier mâle, et sa quatrième fille, mariée au frère de saint Louis, devient la souche de la déplorable maison d'Anjou. Alors et pendant cent quarante deux ans, Nice est entraînée dans toutes les dramatiques aventures de ces infortunés compétiteurs à la fatale couronne des Deux-Siciles ; jusqu'à ce que, mise en demeure de se prononcer entre les deux héritiers de la fameuse Jeanne de Naples, Ladislas, le fils de son assassin, qui règne à Naples et représente la branche aînée de sa maison, et Louis, de la branche cadette, qui reste possesseur de la Provence et que la France soutient, la capitale des Alpes-Maritimes se déclare pour le plus éloigné des deux prétendants, dans l'espoir de mieux sauvegarder l'indépendance de son municipe. Le lendemain de cette impolitique détermination, des bandes d'Angevins et de Provençaux assiégeaient Nice et lui prouvaient une fois de plus son impuissance à sauvegarder contre la rive droite du Var, non plus seulement les franchises de sa commune, mais son existence même. Néanmoins, engagée dans une fausse voie, et, comme il arrive si souvent, risquant le fond pour la forme, elle se livre à la maison de Savoie (1388).

« Ce jour-là, Nice fut délivrée des Français, mais pour se maintenir contre eux, il lui en coûtera quatre cents ans de guerre sur le Var : de petites guerres de pillages et d'incendies jusqu'à l'annexion de la Provence à la couronne de Louis XI, des guerres civiles sous ses deux successeurs, enfin de grandes guerres, des expéditions formidables, depuis François Iᵉʳ jusqu'à la fin du XVIIIᵉ siècle.

« Aucun intérêt sérieux de commerce ne rattachait la place de Nice à ses maîtres du Piémont, auxquels, à travers un des plus âpres chaînons des Alpes, elle ne vendait guère que le sel de ses marais. Mais Nice avait un nom dans l'histoire et des franchises qu'on respectait encore, elle était appelée le boulevard de l'Italie, et cette indépendance précaire, cette renommée guerrière lui suffisaient pour se consoler de ses désastres.

« Son individualité disparue, Nice resta encore attachée à la cause pour laquelle elle avait tant souffert. La politique européenne qui, depuis le traité de Wesphalie, persistait à nous fermer les portes de l'Italie, assurait d'ailleurs, en dépit des lois géographiques, aux maîtres de la Savoie, la possession des Alpes-Maritimes. Mais le 30 septembre 1792, en reculant jusque sous le col de Tende au seul aspect d'un camp de 6000 Français qui n'avaient pas encore abordé le Var, le Piémont semblait déjà reconnaître que le moment était venu d'abandonner au-delà des Alpes-Maritimes une province dont la porte ne donnait pas de son côté.

« On connaît la suite, on sait les vicissitudes et la fin de ce laborieux rapatriement. C'est que tôt ou tard la nature des choses reprend ses droits : témoin l'Italie qui, dans des conditions que la Providence accorde rarement aux causes les plus favorisées, vient de faire simultanément, de ce vieil adage, la double et si fructueuse expérience, en échangeant contre Nice et la Savoie ce bien suprême qu'elle a poursuivi à travers tant de siècles et de douleurs, comme un fantôme insaisissable, son unité ! »

CHAPITRE II

Les Niçois peints par eux-mêmes

Afin de donner une idée du tempérament et du caractère Niçois, nous ne saurions mieux faire que de reproduire cette charmante esquisse d'un niçois peinte par lui-même, elle est signée *Raymondi* :

« Le côté saillant du caractère niçois — que mes compatriotes me le pardonnent ! — c'est l'insouciance et peut-être un peu la paresse. N'attribuons pas ces défauts à la chaleur de notre soleil ou à la douceur incomparable de notre climat.

« Marseille est plus torride que Nice ; la chaleur y est insupportable, et, cependant, cette ville est industrielle, elle est commerçante !

« Non ! il y a un autre motif: Nice touche à l'Italie et elle reçoit facilement les pâles reflets des flammes du Vésuve. Le *dolce far niente* y a, de tout temps, eu un pied ; nous ne trouvons pas de plaisir plus grand, sous la calotte du ciel que celui de humer, sans travail, l'air vivifiant de notre contrée privilégiée.

« Que voulez-vous ? tout y croit sans labeur ; les fleurs, les arbres, les plantes ne se soucient pas du concours de l'homme. La nature repousse ce dernier ; celui-ci se laisse faire et abandonne à la Providence le soin de veiller sur ses produits.

« L'esprit commercial fait également défaut. A part le commerce important des huiles, les autres branches sont exploitées par des étrangers au pays.

« Le Niçois a beaucoup d'intelligence, d'esprit naturel et d'amour pour les arts.

« Cosmopolite par excellence, notre ville facilite l'étude des langues vivantes, et il n'est pas rare de trouver aujourd'hui, à Nice, des jeunes gens, des commis, surtout, parlant très-convenablement le Français, l'Italien, l'Anglais et l'Allemand.

« Ce qui frappe beaucoup nos hôtes d'hiver, déjà peu familiarisés avec la langue française, c'est notre jargon-patois. Ce langage est tout-à-fait local ; il diffère de celui de Menton, d'Antibes, de Cannes, de Toulon et de toute la Provence. Les habitants de cette dernière contrée rient de notre patois ; nous nous vengeons en riant du leur ; c'est de bonne guerre.

« Notre langage est expressif, et se prête soit à l'à-propos, soit à la saillie spirituelle, il est mielleux dans la bouche des femmes, peu propre aux sentiments passionnés, facile et plaisant dans la bouche des hommes. Aussi le Niçois — *né malin* — le choisit-il de préférence pour le récit de contes graveleux ou grotesques, pour les reparties saillantes ou vives, lorsqu'il se trouve dans une société susceptible de le comprendre.

« Il n'est pas rare de rencontrer des dames, d'un rang élevé, connaissant parfaitement le français, se donner le plaisir de *nissarder* dans les rues ou sur les promenades. Deux Niçois, parlant ensemble, ne se départiront jamais de ce langage.

« L'indigène a beaucoup plus d'esprit que de savoir; il compte sur son intelligence naturelle, et, heureusement, elle ne lui fait jamais défaut. Dès qu'il s'agit de labourer dans le champ des arts, des sciences et de la gloire, s'il travaille, il récolte. Je n'en veux pour témoins que Vanloo, Risso, Bréa, Bavastro, Masséna et Garibaldi; ils peuvent tous figurer au Panthéon de l'humanité.

« Les femmes, en général, sont plus jolies que spirituelles. L'ouvrière surtout, à part de rares exceptions, a tout ce qui constitue la jolie femme. Chevelure abondante et luxuriante, œil mutin et vif, dents à faire noircir le lait, teint brun et lisse;

taille de poupée, démarche provoquante et coquette : voilà l'apanage de nos jeunes Niçoises, de nos aimables compatriotes !

« Si nous jetons un coup d'œil sur la paysanne, en général, nous lui trouvons une grâce parfaite. Habitant loin de la ville, l'air vif des champs et les rayons brûlants du soleil, ont hâlé son teint, il est vrai ; mais ils ont développé en elle une sorte de force virile qui, combinée avec une souplesse naturelle, constitue un type de beauté vraiment remarquable. Quand elle est coiffée de la capeline niçoise, adoptée aujourd'hui comme coiffure de ville, par nos citadines les plus élégantes, elle ne le cède en rien à ces dernières, et par la grâce et par la beauté.

« Je ne crois pouvoir mieux terminer ce rapide aperçu et manifester mes goûts champêtres, qu'en reproduisant ces vers de Destouches » :

La campagne est pour moi plus belle que la cour,
Et je voudrais pouvoir y fixer mon séjour.

CHAPITRE III

Les Festins a Nice

Il existe dans chaque pays d'anciennes fêtes populaires ayant presque toutes une origine religieuse dont les siècles effacent peu à peu l'empreinte primitive. Il n'y a pas à douter que l'Europe Chrétienne n'ait, comme Rome et Athènes, emprunté à l'Egypte des fêtes qui avaient pour berceau cette vieille civilisation indienne dont quelques savants ont essayé de pénétrer les archives mystérieuses. Ces fêtes diverses de nom, selon les temps, les lieux et où les populations vont en foule chercher des plaisirs très-profanes, ont toutes à l'origine une cause plus ou moins religieuse, Voltaire se demandait volontiers si ses réunions populaires où l'on chantait Bacchus n'ont pas été inventées par ses adorateurs les plus fervents. Nous nous bornerons à dire que l'on y boit et que l'on y danse beaucoup, qu'on y mange avec le même entrain.

A Nice on entend habituellement par *festin* l'affluence de toutes les classes de la société en un lieu et à une époque différents, dans un but de promenade et de *lunch* ou de goûter. L'ouvrier danse et boit, le bourgeois se promène et fume, le noble se traîne en carrosse et lance des œillades aux plus jolies danseuses.

Chaque quartier a son saint à fêter ; les principaux sont saint Roch, saint Pons, saint Etienne, saint Barthélemy, saint André, sainte Marguerite et une myriade d'autres qu'il serait superflu d'énumérer ici. Cependant comme un jour de festin est un jour de relâche pour les prolétaires de notre ville, on a étendu ces réunions à des endroits qui n'ont point de saints pour patron. Ainsi le bois du Var, le Ray, Drap, Cimiès, etc. ont aussi leurs festins qui ne sont autre chose que les *roumérages* en Provence, les *vogues* de la Savoie, du Lyonnais et les *kermess* de la Belgique. Les festins, proprement dits, ont lieu après le Carnaval, pendant le carême.

Chaque peuple se fait gloire de ses traditions, celles de Nice sont des plus respectables et des plus intéressantes ; Nice n'a-t-elle pas le sang du barde gaulois mêlé à celui du Trouvère italien ? Soyons donc tolérants, indulgents même pour des us et coutumes qui souvent nous paraissent bizarres, ridicules, mais qui ne sont pas moins empreints d'un noble sentiment, celui de l'amour de la patrie.

Demandez par exemple aux niçois de supprimer

le carillon infernal de leurs églises, les moines-mendiants de leurs couvents, les accoutrements comiques de toutes leurs confréries, les processions et les madones des rues où le cierge bénit brûle comme dans la cité des Lazzarones. Essayez encore de supprimer les folies du carnaval, les *confetti* du *Corso*, les bruyantes aubades nocturnes, le bonnet rouge de ses pêcheurs, la *morra* du cabaret, etc. etc., jamais vous n'en aurez raison.

Mieux vaudrait raser la ville et semer du sel sur les ruines de son histoire.

Un grand nombre de guides contiennent des appréciations plus ou moins hasardées sur le tempérament et les mœurs des niçois. La plupart de leurs critiques sont fausses et surannées, on n'y trouve seulement que des phrases de rageur.

CHAPITRE IV

LE CARNAVAL ET LE CORSO A NICE

Comme Rome et Milan Nice a son *corso*. Qui dit *corso* dit mascarade ou *course*, si vous voulez, c'est-à-dire l'endroit où l'on fait le plus de folies. En carnaval tout le monde s'y divertit avec un masque sur la figure, le reste de l'année la mascarade continue, alors elle s'appelle mode ; les dandys, les élégants, les petits crevés et les petites dames viennent y faire leur tour, les grandes dames curieuses de voir les petites y viennent aussi parfois. De là, des anachronismes, des anti-thèses en fait de goût et de bon ton à dérouter toute la logique du genre humain. Notez qu'en parlant du *corso* de Nice, je n'entrevois sous ma plume vagabonde que celui de Rome et de Milan. Avant et passé le Carnaval, Nice est loin d'offrir un pareil spectacle ; de six heures du matin à dix heures précises, ce *corso* se transforme en petit marché des Innocents. Les lapins, les canards, les lièvres, les perdrix, les bécasses, les cailles et autres mille gibiers y sont régulièrement massacrés et vendus avec un entrain qui vous met l'eau à la bouche. Je ne vous parlerai point des primeurs. Depuis un temps immémorial Nice a la réputation de manger des fraises et des petits pois en plein décembre, en janvier ils commencent déjà à se faire concurrence.

Je reviens au carnaval à la fameuse et traditionnelle bataille des *confetti*. Qu'est-ce que le *confetti ?* C'est une charmante petite dragée, projectile dur comme du ciment romain, que le premier rustre venu a le droit de jeter sur le visage d'une

jolie femme. Je dis jolie femme, car rien n'est plus agaçant qu'un pareil visage au milieu d'une foule de masques. Il y a quelques années, la farine subissait à cette époque une forte hausse, tous les marchands de grains et les meûniers des environs s'y donnaient rendez-vous ; leurs sacs ne pouvaient suffire à contenter tous les amateurs, on s'y jetait régulièrement à la figure toute la farine de tous les boulangers du comté. Chose étrange, les plus jolis minois de la ville venaient se faire enfariner avec un enthousiasme qui tenait du délire. Combien de ces minois retenus au logis se sont-ils écriés.
— Quel malheur, j'ai manqué mon carnaval, je ne suis pas allée au *corso*.

Que peuvent-ils dire aujourd'hui que les ordonnances de police ont proscrit la farine les jours du carnaval au *corso*.

A tort ou à raison c'est un divertissement de moins.

Mais le *confetti* reste ; et ce jour-là, on ne manque pas de s'aveugler, de se crever les yeux avec un plaisir des dieux.

Ne croyez pas que ce divertissement vulgaire soit l'apanage de la foule. Tous les plus nobles étrangers y viennent en masse. Les princes, les ducs, les comtes, les barons courent le *corso* en famille. Les voitures, les fenêtres, les *confetti*, les bouquets se paient naturellement au poids de l'or. La terrasse Visconti se transforme en balcon d'opéra. Puis passé six heures, le *corso* est désert, à sept heures c'est une vraie Sibérie. Le sol couvert d'une nappe aussi blanche que la neige vous donne le frisson ; vous vous croiriez sur une place de St-Pétersbourg s'il pleut, prenez garde, vous mettriez les pieds dans le pétrin d'un boulanger.

CHAPITRE V

Le Costume Niçois

A Nice, comme partout, le costume des habitants de la ville a éprouvé les variations qui se sont fait remarquer pendant les soixante années qui viennent de s'écouler. Il n'est pas ainsi des habitants des campagnes du littoral, des vallées et des montagnes ; l'habillement de ces derniers est resté stationnaire, du moins sous le rapport du luxe des étoffes. Le seul changement notable consiste dans la substitution presque universelle du pantalon à la culotte et du chapeau rond au chapeau monté.

Dans la montagne l'habitant ne change pas de costume en été ; sur le littoral, en été, le paysan revêt un habillement de toile tissu avec du coton bleu. On voit encore dans le haut des vallées, quelques culottes de drap avec guêtres, le *spardegnas* en espagnol, espèce de cothurne.

Dans la plaine, dans la campagne de Nice, les paysannes affectionnent comme les montagnards, dans leurs vêtements, des couleurs voyantes et variées, des coupes communes.

Elles emprisonnent leurs cheveux, qui d'ordinaire sont beaux et abondants, dans des crépines ou filets de soie de diverses couleurs, appelées *scouffia*, dont l'extrémité inférieure relevée de l'occiput sur la tête et fixée par des épingles, se termine par de petits glands. Un petit fichu blanc liseré et bordé de dentelle en forme d'équerre nommé *kaireou*, noué sur la tête, après avoir passé sous le menton, se place presque toujours sur cette coiffure dont l'ensemble produit un effet charmant, lorsque principalement elles couronnent ce gracieux chapeau de paille, connu sous le nom de *cappellina*, chapeau de forme chinoise (cône à large base). Une autre coiffure des femmes de cette classe consiste à grouper les cheveux à leur base, à les réunir en faisceaux par la spirale d'un ruban de velours à les faire passer, comme un cercle, tout autour de la tête et à les ramener au point de départ. Les jours ouvrables elles n'ont ordinairement qu'un simple mouchoir plié en biais sur la tête et noué sous le menton. Les habillements des pêcheurs et de leurs femmes ne diffèrent guère par leur coupe de ceux des paysans et paysannes, si ce n'est que les hommes portent le bonnet rouge (bonnet catalan) et dans la froide saison une grosse veste à capuchon. Les marchandes de poissons, dans les grandes fêtes, portent la *scouffia* rouge avec une grosse épingle qui en tient le cordon.

CHAPITRE VI

LE PATOIS DE NICE

Le patois de ce pays sort des langes du latin vulgaire ou de la langue romane. Cosmopolite comme son peuple, elle a subi tour-à-tour le joug de tous ceux qui l'ont soumise. Ainsi le celtique, le grec, le latin, le barbare, l'arabe, l'italien, l'espagnol, se retrouvent dans le patois de Nice, c'est une vraie macédoine de mots où le premier venu peut trouver son compte.

Voici quelques mots de son vocabulaire :

Arabe : *barracar* effacer, *merengaina* aubergine, etc ; — Celtique : *tail* coupure, *virar* tourner, *pignaton* cafetière en terre, *scudela* écuelle, *remoucar* traîner, etc ; — Espagnol : *cabossa* tête, etc ; — Barbare : *flasca* flacon, *arnesc* harnais, *nuec* nuit, *raïssa* averse, *roda* roue, *raubar* voler, etc ; — Grec : *bugada* lessive, *canestre* corbeille, *couffa* corbeille, *fanau* fanal, *durca* huilier, *gibous* bossu, *kalen* lampe, *sepon* billot, *tibla* truelle, etc ; — Italien : *giarra* cruche, *lasagna* lasagnes, *truffar* se moquer, etc. — Latin : *arena* sable, *cadena* chaîne, *caucar* fouler, *pan* pain, *sudou* suer, etc.

Il serait puéril de reprocher aux niçois quelques mauvais gallicismes lorsqu'on voit les tortures que tous les peuples ont infligé à son idiome.

Quant aux termes qu'ils emploient pour honorer les gens de robe, d'épée, d'église et de race, ils les empruntent aux peuples les plus fiers de leur blasons. Ainsi tout chanoine, curé de paroisse, petit prêtre, etc, sera toujours désigné sous la particule de *Don*. Le moindre épicier qui pourra orner sa poitrine d'un bout de ruban quelconque deviendra *chevalier*. La maison d'un gros bonnet sera *palais*, quand même il n'habiterait qu'une affreuse cassine. Tout étranger qui ne pourra plus se faire appeler *excellence* trouvera toujours l'occasion de se faire traiter de *gentilhomme*.

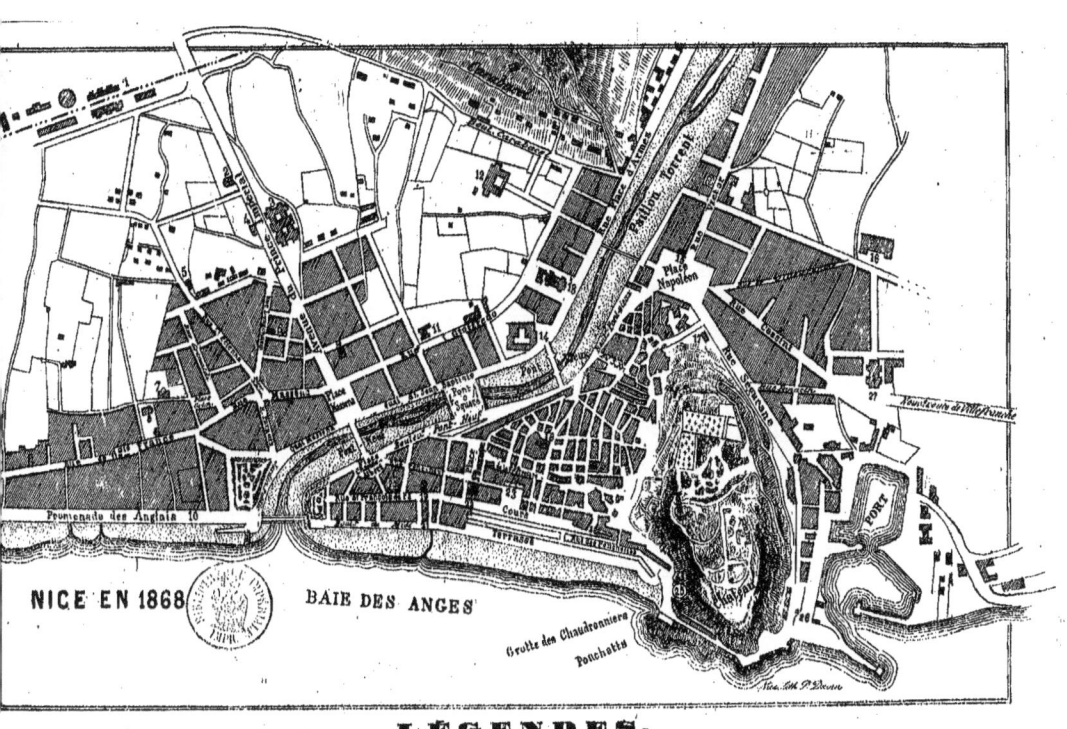

LÉGENDES.

1. Gare.
2. Notre Dame des Champs.
3. Hospice de la Charité.
4. Parfumerie Warrick frères.
5. Église presbytérienne Écossaise.
6. Église Russe.
7. Bains Turcs.
8. Église Anglicane.
9. Théâtre français.
10. Casino.
11. Temple Vaudois.
12. Hôpital.
13. Notre Dame du Vœu.
14. Lycée.
15. Poste.
16. Fabrique des Tabacs.
17. Asile.
18. Ste Réparate, Cathédrale.
19. St-François-de-Paule (St-Dominique)
20. Mairie.
21. Théâtre Impérial.
22. Établissement Visconti.
23. Préfecture.
24. Télégraphe.
25. Tour Bellanda.
26. Statue de Charles-Félix.
27. Église du Port.

Certains gallicismes très-usités parmi les niçois ne manquent cependant pas de logique : *tirer une pierre ou un coup de pierre* est un de ceux-là. Pourquoi ne serait-ce pas aussi français que *tirer un coup de fusil*, etc. etc. J'en appelle à M. E. Négrin.

Finalement comme échantillon de la poésie, en patois de Nice, on jugera de celui-ci. C'est un *Noël* de M. J. Dabray (1842).

Coura si rende	Quand Dieu seconde
Ai nostre vout	Tous nos souhaits
Lo siel ch'estende	Et fait au monde
La pas pertout ;	Régner la paix,
Couren toi veire	Dans ta mémoire
A Bethelem,	Grave, ô Chrétien,
Senche fau creire	Ce qu'il faut croire
Per vieure ben	Pour vivre bien ;
CORO.	Rendons honneur
Mai non si laisse	Au divin maître
De rendre onour	qui vient de naître
Au Dieu cho naisse	Au bon pasteur
Au buon pastour	

CHAPITRE VIII.

La Santé Publique a Nice
Tableau de sa Météréologie

Depuis les temps les plus reculés le climat de Nice a été fort chanté, prisé et célébré par les docteurs et par les poètes de tous les pays.

265 ans avant Jésus-Christ, nous voyons déjà l'impératrice Salomnia Auguste, femme de l'empereur Gallian, venir à Cimiès afin d'y retrouver la santé, ainsi qu'il résulte d'une inscription et d'un monument trouvés dans la propriété de M. le Comte Garin. Voici ce document :

CORNEILLE SOLANINÆ
SANCTISSIM. AVG.
CONJVG. GALLIENI
IV NIORIS AVG. N. ORDO
CEMENEL CVRANT — AVRELIO JANVARIO

Tout comme nos belles vaporeuses le séduisant climat de Nice a eu parfois d'étranges caprices. Ainsi de 1302 à 1820, les orangers furent gelées *onze fois* pendant la bonne saison, celle d'hiver, bien entendu.

En 1623, le Paillon, dit encore l'histoire, fut bel et bien gelé, mais comme le Paillon ne contient qu'un peu d'eau pour la lessive, cela implique que le froid fut un peu plus fort que celui de 1820.

D'ailleurs l'histoire et la chronique ne se font pas scrupule de faire monter et baisser le thermomètre à Nice, au gré de leurs désirs.

En 1867, j'ai lu dans un journal *le Figaro*, une lettre d'un correspondant qui accusait à Paris plusieurs degrés au-dessous du zéro à Nice. Le froid était alors si vif que l'encre avait gelé dans sa plume au moment où il écrivait ces lignes.

Il est tout naturel que les plumes gelées de ces écrivains nerveux s'abandonnent à de pareils écarts puisque le climat, l'air de Nice agissent puissamment sur les organisations nervo-sanguines.

Mais avant de nous livrer à des dissertations scientifiques à propos des malades et de leurs médecins, passons vite à la question de la météréologie, l'un des meilleurs docteurs que tout homme de sens et d'expérience, peut consulter, suivant les dispositions de son tempérament et le thermomètre de ses propres sensations.

Nice est placée par 43° 41' 17" de latitude septentrionale et par 4° 56' 22" de longitude orientale du méridien de Paris.

La pression atmosphérique varie régulièrement avec les saisons. D'après M. Roubaudi on trouve pour plus haute moyenne 757 millimètres et pour plus basse 756. La moyenne hygrométrique de 58°,2 sur six mois de l'hiver, à partir de décembre ou de la mi-novembre, il est rare que les étrangers ne rencontrent pas quatre mois d'un ciel sans nuages. Jusqu'en mai Nice vit dans sa lune de miel ; mais à partir de là, commence sa lune rousse, c'est-à-dire la saison d'été, qu'un grand nombre de touristes parvient néanmoins à passer très agréablement tout près de là, dans les *glaciers fleuris* de la vallée de la Roya, par exemple, aux *bains de Saint-Dalmas, à la vallée de la Vésubie, à Bollène, Berthemont, Saint-Martin-Lantosque.*

Après avoir établi une moyenne de la température d'hiver à Nice, il nous semble bon d'en donner un tableau exact de chaque quinzaine depuis octobre 1866 jusqu'en septembre 1868. Nous la donnons exactement telle que nous l'avons copiée sur le bulletin météorologique de Nice, de M. Doninelli, opticien, rue St-François-de-Paule, 5.

1866.

Octobre	Barom.	Minim.	Maxim.
1er.	762	16 0	23 8
15.	758	14 2	22 5
Novembre			
1er.	762	10 2	19 0
15.	765	9 3	16 4
Décembre			
1er.	762	2 0	10 2
15.	755	7 0	17 0
31.	752	1 0	13 3

1867.

Janvier	Barom.	Minim.	Maxim.
1er.	748	1 8	12 3
15.	743	7 0	13 0
Février			
1er.	770	4 8	12 5
15.	772	9 8	13 8
Mars			
1er.	758	6 7	10 2
15.	752	6 7	15 7

Avril	Barom.	Minim.	Maxim.
1er.	761	8 8	15 3
15.	752	13 5	21 0
Mai			
1er.	753	12 5	22 7
15.	756	11 4	23 0
Juin			
1er.	761	16 0	26 3
15.	744	17 7	28 2
Juillet			
1er.	764	15 3	28 0
15.	763	15 3	29 3
Août			
1er.	756	15 5	27 5
15.	756	19 0	29 5
Septembre			
1er.	763	21 0	28 4
15.	765	18 6	28 4
Octobre			
1er.	763	14 7	24 0
15.	768	11 7	21 0

Novembre	Barom.	Minim.	Maxim.
2.	741	10 0	17 3
15.	764	13 0	19 8
Décembre			
1er.	769	6 5	14 3
15.	760	3 8	9 2

1868.

Janvier	Barom.	Minim.	Maxim
1er.	752	2 0	6 6
15.	774	3 6	12 6
Février			
1er.	772	3 3	11 6
15.	748	3 5	13 0
Mars			
1er.	760	6 8	12 0
15.	763	9 0	16 0

Avril	Barom.	Minim.	Maxim.
1er.	767	7 4	18 2
15.	762	9 0	19 7
Mai			
1er.	770	14 4	22 0
15.	764	15 0	24 8
Juin			
1er.	760	20 0	27 8
15.	765	19 4	28 3
Juillet			
1er.	755	20 2	27 4
15.	761	21 0	28 3
Août			
1er.	764	21 8	29 7
15.	760	23 8	30 2
Septembre			
1er	769	19 0	26 6

En consultant le tableau météréologique des années précédentes et surtout celui de 1867-68, où le froid fut partout plus rigoureux qu'à l'ordinaire, excepté à Nice, on voit que la température se maintient relativement au même niveau depuis les temps les plus reculés.

Entourée de tous côtés par une triple cuirasse de montagnes, Nice n'est guère tourmentée du coté de la mer que par les vents d'est, ces vents sont parfois violents sans être froids.

Son climat exceptionnel opère plus de cures merveilleuses que tous les médecins de toutes les facultés réunies de l'univers.

Cependant il ne faut pas oublier les avis ni les conseils des disciples d'Esculape. M. le Chevalier

Arnulphy, médecin, directeur du dispensaire homœopathique de Nice, Jardin Public, 4, nous donne fort à propos des renseignements utiles :

« Après tout ce qu'une foule d'auteurs estimés ont publié sur Nice, son climat et ses ressources, il semblerait difficile de rien ajouter.

« C'est un fait aujourd'hui incontesté que notre bassin, y compris Cannes, Antibes, Monaco et Menton, est une des stations d'hiver les plus privilégiées de l'Europe. — Ses conditions atmosphériques exceptionelles, sa position géographique et les ressources de Nice, sa métropole, ville créée à dessein et incessamment agrandie pour servir de camp aux voyageurs d'élite qui affluent vers les régions chaudes aux approches de la mauvaise saison, assurent à cette partie du littoral méditerranéen une vogue et un succès qui ne s'arrêteront pas de longtemps.

« Parmi les ressources variées que Nice offre particulièrement à l'étranger, il n'y en a pas de plus complètes que celles qui intéressent la santé. Tous les *Guides* les font connaître et des ouvrages spéciaux ont été consacrés à ce sujet.

« Mais ces divers traités laissent tous une lacune (que le temps et l'expérience combleront tôt ou tard) sur laquelle il est important d'appeler sérieusement l'attention; nous voulons parler des services qu'est appelée à rendre, comme auxiliaire du climat de Nice, la théorie des *puissances infinitésimales* appliquée à la thérapeutique, une des plus belles découvertes des temps modernes et dont il serait impossible de dénombrer les partisans qu'elle s'est successivement acquise depuis un demi siècle dans tous les rangs de la société et sur tous les points civilisés du globe.

« Les expériences de quelques-uns de nos éminents confrères, répétées pendant nombre d'années, et les miennes propres, m'ont amené à constater que les bienfaits de notre climat sont beaucoup plus sensibles et durables, quant à leurs avantages propres, se joignent ceux d'une médication aussi virtuelle et salutaire que l'Homœopathie.

« Un exemple me suffira :

« Il n'est aucun praticien éclairé et consciencieux qui, ayant étudié attentivement les effets du climat de Nice sur les malades, notamment sur ceux atteints de phthisie, n'ait reconnu que l'endroit le plus convenable à ce genre d'affection, n'est point celui que la mer avoisine directement ; mais que c'est au contraire à certaines distances, telles que le quartier de Carabacel et mieux encore de Cimiès, contrée plus éloignée, que les effluves marines sont éminemment salutaires.

« Cette indication tout élémentaire, amenée par

les tâtonnements de l'expérience, est un hommage indiscutable, rendu à la découverte, qui en bouleversant toutes les notions admises jusqu'alors, a refondu les bases de la toxicologie, dans ses rapports avec la médecine. Car, qu'est-ce qui fait dire au savant et répéter par tout le monde que : *aspiré à distance, l'air de la mer est plus doux, plus bienfaisant ?*.. C'est que nuisibles à leur source, saturées de particules médicamenteuses trop énergiques ou difficilement assimilables, ces brises marines que nous choisissons pour exemple, entre mille, sont graduellement dilatées en traversant les airs par l'office de la nature, agissant à l'instar des dynamisateurs mis en œuvre par le chimiste homœopathe et arrivent à des distances, calculées suivant l'exigence des cas, à l'état voulu pour faire du bien et, en même temps, dépourvues de toute puissance nocive.

« Ceci est le côté avancé de la question.

« En thèse ordinaire il est généralement admis que plus la température des zones habitées est élevée, plus les substances actives, stimulantes y sont dangereuses et doivent en être proscrites ou sensiblement modifiées. Il est consolant, à défaut de mieux pour le moment, de constater qu'un véritable progrès s'opère en ce sens chez nous comme partout. Une posologie plus douce, mieux calculée, y fait place, peu à peu, aux anciens traitements dits héroïques. C'est un pas de fait auquel on ne saurait trop applaudir, car il n'y a que le premier pas qui coûte et une fois sur la pente du vrai on ne saurait ni rebrousser, ni rester stationnaire, il faut marcher en avant et arriver au but.

« Pour contribuer, autant qu'il est du devoir de chacun, à l'avancement d'une vérité salutaire constatée, je ne cesserai, pour ma part, de préconiser la supériorité des substances dynamisées sur toute autre médication tentée jusqu'à nos jours, en vue de prévenir, enrayer ou combattre efficacement les innombrables maladies auxquelles l'être organisé est exposé ici-bas. — Combinée avec un climat tel que celui de Nice et ses environs, l'Homœopathie en décuplerait les bienfaits.

« La Nature, on l'a dit souvent, est un grand maître, un livre où toutes les lois de l'univers sont consignées, c'est surtout en ce qui touche la santé qu'il importe aux interprètes de l'art de guérir, autant qu'à ceux qui en dépendent, de le consulter. C'est lui qui nous apprend que les plus grands effets naissent des causes, en apparence, les plus petites ; que des atômes insaisissables, échappant à toute analyse, ont plus de pouvoir pour exterminer une armée, décimer des populations entières que les plus formidables engins de destruction inventés par le génie humain.

« Heureusement ce qui est une loi pour le *Mal*, devait l'être aussi pour le *Bien*.

Au principe de *destruction* indéfinissable, invisible, dont nul n'a jamais pu contester les redoutables effets, la science oppose aujourd'hui par une imitation aussi correspondante que possible aux actes de la nature, le principe de *reconstruction*, à l'aide de la matière que la main de l'homme est enfin parvenue à façonner et subtiliser à son gré. Aussi peut-on affirmer que du jour où cette grande découverte sera hautement proclamée et devenue universelle, le *Mal* physique sera vaincu sur notre terre... »

J'entends déjà résonner cette voix : vous êtes orfèvre, M. Josso ! Mais non, je suis moins orfèvre, que M. Josso, car jamais je n'ai humé une goutte de la médecine homœopathique.

Je dois seulement ajouter que M. le Docteur Arnulphy est si convaincu de ses études approfondies, corroborées par ses nombreux succès en thérapeutique, qu'il est impossible de ne pas l'écouter, le lire ou le consulter avec intérêt.

La vogue justement méritée que Nice s'est acquise pendant la saison d'hiver surtout depuis une dizaine d'années a augmenté la cherté des vivres et des loyers. On trouvera plus loin la moyenne du prix des vivres et des loyers de villas et d'hôtels. Quant au nombre des visiteurs, il subit la hausse et la baisse, exactement comme à la Bourse, suivant la fluctuation de la politique et des épidémies :

La guerre et le choléra, le choléra et la guerre!

Tels sont les ennemis les plus terribles de la saison d'hiver à Nice. C'est dire qu'au moindre bruit de ces doux fléaux, les antagonistes ou les rivales de Nice ne manquent pas de les exploiter largement. Le choléra est-il à Marseille? Nice est empestée. La guerre menace-t-elle d'éclater dans une partie de la péninsule, Nice est près d'être livrée à feu et à sang. Cependant il est incontestable que les derniers évènements de Rome ont chassé presque tous les étrangers de l'Italie et que Nice en a profité, jamais la dernière saison d'hiver n'a été si fructueuse et si animée, mais toutes les statistiques qu'on établira à ce sujet ne prouveront jamais l'infaillibilité de ses succès de saison. Constatons néanmoins que de toutes les parties du monde, elle reçoit régulièrement son contingent de malades et de touristes. L'anglais et l'américain dominent ; le russe, l'espagnol, le valaque, le belge, l'italien, etc viennent en seconde ligne. On y voit souvent des chinois et des chinoises, quelques nègres émancipés de l'Amérique du sud. Enfin l'élite de la haute société, celle de l'univers entier s'y donne rendez-vous au cœur de l'hiver, soit dans un but d'agréables distractions, soit pour réparer des forces physiques et morales.

Seulement il est très regrettable qu'un certain monde de chevaliers et de chevalières y viennent si souvent afin d'y rafraîchir leurs vices.

CHAPITRE IX

Les Arts et la Science.

La vie matérielle est, sans contredit, l'une des plus agréables que l'homme puisse se procurer pendant la saison d'hiver à Nice. Dieu lui a donné largement de quoi retremper ses forces. A chaque pas, à chaque heure du jour, il se promène, il se repose sous ses beaux palmiers en pensant à l'enfer de sa grande ville.

O Tytire sub tegmine fagi etc.

Mais n'abusons pas des vers de ce sublime, de cet immortel Virgile. D'ailleurs tout son poème est écrit dans cette belle contrée ; tout rêveur, tout admirateur de la divine nature a amplement l'occasion d'en tourner toutes les pages et d'y lire à chaque instant des vers de circonstance.

Quant à la vie morale, l'homme d'étude peut avoir de quoi se rassasier, il est même probable que toute la saison d'hiver ne suffira pas à satisfaire tous ses goûts, ses besoins, son activité, s'il vient à Nice afin de travailler à une œuvre sérieuse.

La bibliothèque vient en première ligne.

BIBLIOTHÈQUE MUNICIPALE

Partant des places Masséna et Charles-Albert, couper en droite ligne et tourner à gauche, rue Saint-François-de-Paule.

La Bibliothèque municipale, enrichie de celle qui lui a été léguée par M. le comte de l'Escarène et des beaux ouvrages que le gouvernement impérial lui a envoyés depuis six ans, possède en ce moment quelque chose comme trente à quarante mille volumes. Les premiers livres que recueillit la ville de Nice lui vinrent des couvents abandonnés pendant la Révolution. Les agents municipaux de cette époque les déposèrent provisoirement dans une salle contiguë à la sacristie de la Cathédrale. Ils y restèrent pendant quarante ans, livrés aux mites, aux souris et à la poussière. Durant les dernières années du gouvernement piémontais, la Bibliothèque de Nice s'enrichit peu à peu de quelques ouvrages vivement réclamés par les lecteurs étrangers, qui étaient tous étonnés d'y trouver de nombreuses lacunes. Peu à peu, cependant, l'ordre s'y est établi, les rayons se sont garnis, et, depuis l'annexion surtout, des vides regrettables se sont trouvés comblés. Mais il y a beaucoup à faire encore pour mettre la Bibliothèque municipale au rang qu'elle doit occuper et nous comptons sur le zèle de M. l'abbé Montolivo, son bibliothécaire, pour introduire dans cet important établissement les améliorations dont il a besoin.

Voici, en quelques mots, les principales conquêtes faites, depuis l'annexion, par la Bibliothèque :

1° Les *Galeries historiques de Versailles*, par Gavard ;

2° Les *Loges de Raphaël*, dessinées par M. Mulemeester et gravées sous la direction de M. Calamatta ;

3° *Monument de Ninive*, découvert et décrit, par Botta, mesuré et dessiné par Flandin (Imprimerie nationale).

4° *Catacombes de Rome*, architecture, peintures

murales, lampes, vases, pierres précieuses gravées instruments, objets divers, fragments de vases en verre doré, inscriptions; figures et symboles gravés sur pierre par Perret.

5° *Le relazioni degli ambasciatori Veneti al senato, durante il secolo decimo sesto, raccolte ed illustrate da Eugenio Alberi*, etc., etc., etc.

Jusqu'en 1860, la poussière dégradait les livres placés sur de simples rayons sans rideaux et sans vitrages. Depuis l'annexion, M. Boutau, adjoint au maire de Nice, chargé de cette partie du service, a fait vitrer toutes les étagères, et maintenant une espèce de luxe, uni au confortable, règne à la Bibliothèque et donne de la facilité au lecteur.

En 1841, M. le baronnet Jean-Pierre Boileau, archéologue anglais fort instruit, découvrit sur la montagne de Sembola, proche la Turbie, à un mille à peu près du monument d'Auguste, une borne milliaire de la Voie aurélienne qui reliait l'Italie à la Gaule Narbonnaise. Il obtint de M. le comte de Saint-Etienne, alors premier consul de la ville, l'autorisation de la faire transporter à ses frais à la Bibliothèque, dans l'espoir d'y voir fonder avec le temps un musée d'antiquités. Un peu plus tard, M. le comte Spitalieri de Cessoles, premier président du Sénat de Nice, en fit transporter une seconde recueillie à la Turbie même, et une troisième vint bientôt s'y joindre par les soins de la municipalité. Quelques débris romains trouvés soit à Cimiès, soit à la Turbie, augmentèrent ce commencement de musée. Depuis l'annexion à la France, le gouvernement a envoyé une quantité d'objets précieux provenant du musée Campana à Rome. Tout cela se trouve à la Bibliothèque avec quelques tableaux et d'autres objets d'art envoyés par le gouvernement.

La Bibliothèque, ne l'oublions pas, est ouverte au public tous les jours ; en hiver : de dix heures du matin à trois heures de l'après-midi ; en été : de neuf heures à trois heures également. Les dimanches et jour de fêtes, la Bibliothèque est ouverte de dix heures à midi. Tout le monde y est admis soit comme lecteur, soit comme visiteur. On a calculé qu'en moyenne le nombre des lecteurs varie de 6 à 7,000. M. l'abbé Montolivo, qui dirige la Bibliothèque depuis une trentaine d'années, d'abord comme bibliothécaire-adjoint et plus tard comme bibliothécaire en titre, possède un herbier général et un herbier particulier des plantes de Nice et du département, qu'il se fait un plaisir de montrer à tous les visiteurs qui le demandent.

LE MUSÉE ET CABINET D'HISTOIRE NATURELLE

Partant des places Masséna et Charles-Albert, remonter les boulevards jusqu'à hauteur de la Place Napoléon, près de la Poste, n° 6.

Le Cabinet d'histoire naturelle occupe deux vastes salles dont les rayons sont presque entièrement remplis. La première contient la belle collection de champignons de M. Barla. M. Barla a dessiné et colorié sur un tableau spécial les différents types du champignon vénéneux.

On y remarque encore, suspendu au plafond, un jeune *souffleur* pris en 1855 dans les eaux de Villefranche. Il porte le nom de Delfinus Risso, donné par George Cuvier, en souvenir de ce qu'un sujet de ce genre avait été produit pour la première fois par le naturaliste niçois. Le souffleur est un cétacé du genre dauphin qui se rencontre dans toutes les mers.

La seconde salle contient :
1° La collection ornithologique ;
2° La collection des coquilles ;
3° La collection des minéraux ;
4° La collection des céphalopodes ;

5° La collection des ptéropodes et gastéropodes ;

6° La collection géologique donnée au cabinet par M. Perez.

Cette seconde salle renferme encore des collections de papillons et d'insectes, des sujets rares appartenant au système zoologique, la plupart empaillés avec le plus grand soin par M. Gal, préparateur du Cabinet. Le véritable fondateur de ce bel établissement est M. J.-B. Verany, créé chevalier des Saints Maurice et Lazare, et plus tard de la Légion-d'Honneur, en récompense des services rendus à la science ; il avait formé de ses mains un cabinet d'histoire naturelle dont il a fait don à la ville de Nice en 1846. Ce cabinet renfermait alors quelques quadrupèdes, 1,600 oiseaux (axotiques pour la moitié), dont une grande partie avait été apportée de l'Amérique méridionale par M. Verany lui-même ; une collection de coquilles, de minerais et d'ossements fossiles de la brèche osseuse du Château de Nice, entièrement détruite aujourd'hui. Comme rémunération de ce riche don, M. Verany obtint de la ville une pension viagère de 400 fr. et la direction perpétuelle du cabinet.

Le cabinet d'histoire naturelle s'est peu à peu enrichi et complété par des dons particuliers et surtout par les soins intelligents et les acquisitions précieuses de M. le Chevalier Verany. C'est à cette heure, un des musées de province les plus remarquables, et il n'a pas atteint, il s'en faut bien, le degré de splendeur qui lui est réservé. M. l'intendant de Boccard, M. le chevalier Perez ont fait cadeau au cabinet d'histoire naturelle de collections particulières formées par eux-mêmes. Mais par dessus tous, M. le chevalier Barla, directeur actuel, a enrichi le cabinet de la collection de champignons qui fait l'admiration de tous les savants. Laborieux comme un bénédictin, M. Barla a travaillé pendant des années à cette collection, la plus belle et la plus complète qui existe en Europe.

Au centre de la seconde salle, le buste en marbre de Carrare de ce regrettable savant, donné au Cabinet d'histoire naturelle *par la ville de Nice reconnaissante*. Ce buste, œuvre de M. le sculpteur Raymondi, est une œuvre très-remarquable. Il faut ajouter que M. l'abbé Verany, frère du naturaliste fondateur du Cabinet, a été adjoint à M. Barla dans la direction du musée.

Le Musée et le Cabinet sont visibles les mardi, jeudi et samedi, de midi à trois heures.

LES MUSÉES DE PEINTURE

Hélas ! Nice ne possède pas encore d'établissement public de ce genre. Pourtant des riches particuliers ont chez eux de belles collections que nous nous empressons de citer et qui achetées en masse par la ville, formeraient un musée de premier ordre. En attendant voici le nom et l'adresse des amateurs, toujours prêts à ouvrir les portes de leur galerie chaque fois qu'un étranger se permet de venir tirer le cordon de leur sonnette :

Galerie Redron, villa Redron (derrière la Place d'Armes).

Galerie Fantapié, rue Saint-Suaire.

Galerie du marquis de Chateauneuf, villa de Châteauneuf.

Galerie du comte Charles Laurenti-Roubaudi. 1, Descente de la Caserne.

Galerie Douis, 2, rue Saint-François-de-Paule.

Tous ces musées contiennent des originaux de grands maîtres.

Sans compter les musées ambulants qui viennent du fond et du cœur de l'Italie étaler des œuvres très-remarquables. Nous avons possédé dernièrement la galerie du Chevalier Inganni, peintre distingué de Brescia. Quelques jolies toiles des principaux artistes de Nice sont aussi exposées dans les vitrines de nos marchands de tableaux.

THÉATRE IMPÉRIAL ITALIEN

Partant de la Place Charles-Albert, couper en droite ligne et tourner à gauche, rue Saint-François-de-Paule.

Si les théâtres n'existaient pas, Nice les aurait inventés. C'est dire que le peuple Niçois éprouve toujours le besoin de rassasier largement son imagination, son cœur et ses yeux avec des tableaux, des images et surtout de la musique. Nice privée de musique ne serait plus qu'un corps sans âme. Partout le peuple chante, à l'atelier, dans la mansarde, à l'église comme dans les salons. Aussi le théâtre italien, ordinairement composé d'excellents artistes, est-il assidûment suivi par toutes les classes de la population. Les plus beaux opéras des répertoires de Verdi, de Donizetti, de Bellini, Rossini, etc., sont régulièrement représentés tous les jours au théâtre italien avec une mise en scène splendide, et avec un orchestre et des artistes que la salle Vendatour nous envierait peut-être.

La salle des Italiens richement décorée, a été remise à neuf en 1865. Un décorateur hors ligne, M. Sachetti, en a fait une délicieuse bonbonnière, vraiment digne d'abriter les illustres étrangers, qui presque tous, ont logé aux Italiens de Nice.

Il paraît que ce théâtre date de 1786. Il a été reconstruit en 1830 sur l'emplacement du théâtre Maccarini. La salle peut contenir 1800 personnes.

Remarquez le joli cadran solaire, derrière ce théâtre, sur le quai.

THÉATRE FRANÇAIS

Partant de la Place Masséna, entrer dans l'Avenue du Prince Impérial et tourner à droite, rue du Temple.

Digne rival des Italiens. Salle très-vaste, parfaitement aérée et pouvant contenir 2000 spectateurs. On y joue tous les soirs. L'opérette et l'opéra comique alternent avec le drame, le vaudeville et la comédie. Les opéras-bouffes, le tragique répertoire des Bouchardy, Séjour, d'Ennery, Dupeuty, Frédéric Soulié, ainsi que les égrillardes comédies de Labiche, Varin, Delacour, etc., passent chaque jour sur l'affiche.

Il va sans dire que toutes les primeurs des théâtres de Paris sont montées avec un soin et une célérité parfaits.

Molière, Scribe, Alexandre Dumas fils, Sardou forment les pièces de fond et souvent de circonstance. Il ne manque plus au Théâtre Français que du Victor Hugo.

CHAPITRE X

L'Industrie

La Marquetterie Niçoise occupe un des premiers rangs dans l'art industriel à Nice. Ce genre d'industrie que l'on doit à M. Claude Gimelle a été poussé jusque dans ses dernières limites. La Marquetterie à Nice est devenue un vrai travail de bénédictin ; c'est à confondre les yeux et l'imagination. Sur des boîtes, des meubles, des cassettes, des buvards en bois d'olivier et de citronnier, le marqueteur a incrusté avec un art surprenant toute sorte d'ornement, de paysages, de costumes d'un dessin et d'un coloris irréprochable. On peut voir derrière les vitrines de MM. Lacroix, rue du Pont-Neuf; Galiena et Cera, place Saint-Étienne et rue Masséna; Claude Gimelle, place Charles-Albert; Mignon, rue Paradis, n° 8; Nicolas, même rue, n° 11, toute sorte de spécimens des plus variés et des plus séduisants.

Les marqueteurs habiles ont poussé cet art à une telle perfection qu'ils sont parvenus à remplacer les couleurs par des bois sur lesquels la nature a répandu des teintes, des reliefs que le pinceau d'un grand maître aurait peine à trouver. La couleur se traduit ainsi : jaune clair, oranger et citronnier; caroubier, rouge foncé; jujubier, rouge clair; houx, blanc pin; figuier apprité, le noir; chêne, le brun clair; noyer, le gris; enfin la racine du *fustet*, le jaune d'or veiné dont les peintres reproduisent difficilement les capricieux et charmants effets.

Tous ces bois sont tirés de Nice et de ses environs.

La PARFUMERIE de Nice est très-estimée. Les propriétaires des établissements possèdent des campagnes où ils font cultiver les fleurs propres à la distillation, telles que le jasmin d'Espagne, la jonquille, l'oranger à fruits amers, le réséda, la rose, la tubéreuse, la violette de Parme, etc. Ils prennent ses fleurs dans leur entière fraîcheur et ils en extraient le parfum dans toute sa force et toute sa finesse. Aussi ces fabriques prospèrent et se multiplient. Le cercle des douanes qui entoure la ville et arrête l'essor de plusieurs autres industries, fait sur elle peu d'effet, parce que c'est une des localités les plus favorables au développement des végétaux qui font la base de leurs opérations.

On compte aujourd'hui près de cent distillateurs et parfumeurs dans le département des Alpes-Maritimes. Grasse en compte à elle seule 65 et Nice, 15. Ces cent distillateurs fabriquent chacun par an 2000 litres d'eaux distillées, soit ensemble 1,960,000 litres.

Parmi les parfumeries les plus renommées à Nice, on cite celles de MM. Warick frères, Avenue du Prince Impérial ; B. Bermond, boulevard du Pont-Vieux, 30 ; Musso B., Place Cassini ; Semeria, route de Turin, 70 ; Rimmel et Comp^e, route de Turin, 16, etc., etc.

Les Fleurs, les Fruits, les Arbustes d'Ornement et les Arbres Fruitiers ne manquent pas à Nice pendant la saison d'hiver ; il s'en vend régulièrement pour des millions de francs. En fait de fleurs, 3 à 400 variétés de roses, depuis le Bengale jusqu'à la rose aux cent feuilles ; des violettes de Parme, œillets, réséda, etc. Quant aux divers *citrus*, on trouve des orangers et des citrons partout et dans toutes les saisons; il existe, d'après Risso, le naturaliste niçois, 180 variétés de *citrus*. Les fraises, les petits pois, les asperges, les artichauts, les choux-fleurs y viennent en abondance à partir de décembre. Les plantes et arbustes d'ornement à Nice ont une certaine réputation ; les plantes exotiques y poussent parfaitement en pleine terre, depuis le dattier jusqu'au bananier ; les *latanias, chamerops, Atalea compacta, cocos, sabals, jubœa spectabilis, phœnix, corypha australis* y sont assez communs.

Parmi les jardins d'amateurs on remarque ceux de la Villa Bermond, Audiffret, Florès, Des Essarts à St-Etienne. Barberis, Bounin, Orengo, Hénault, Wilson à St-Roch. Redron, place d'Armes. Arson, Bournin, Charvet à St-Barthélemy. Bouillon à Carabacel. Colombo, Warick à Cimiès. Guigne, Fossat à Riquier. Bermondi, Bonfils, Gustavin, Jardel, Leroux, St-Agnan, Vigier, Stuart au Lazaret. De Quinconet, Montolivo, De Brès, De May à Villefranche et Beaulieu. Haussman et Frémy au Mont-Boron. Margaria, Stirbey, Carlone route de France et promenade des Anglais. Les Marguerites, Jaume au vallon de Magnan. Leotardi, Douis, Maison Blanche, Maïstre sur la route de France.

Les jardins de commerce sont ceux des villas Gastaud, Girard route de France. Moutte, St-Aubin à Carras. Rossignol place du Vœu. Sacco petite rue

St-Étienne, De Pierlas, Besson au Ray, le premier très-riche en conifères.

MANUFACTURE DES TABACS

En fait d'établissements publics, il est bon de citer la manufacture Impériale des tabacs (rue de Villefranche). On verra avec quel raffinement de soins on s'efforce d'empoisonner le peuple et de propager en lui un des vices les plus funestes à son existence.

Parmi les établissements qui, depuis l'annexion, ont à Nice grandi en importance, il n'en est pas dont le développement ait été plus remarquable que celui de la manufacture des tabacs. Sous l'administration sarde, la manufacture des tabacs était établie au boulevard du Midi, là où a été construit depuis l'hôtel de la Banque de France. Dans les dernières années de cette administration, l'ancien local fut jugé insuffisant et le gouvernement fit exécuter par M. l'ingénieur Marsano l'établissement actuel, à l'entrée de l'ancienne route de Villefranche. C'est une vaste et belle construction à quatre étages où l'on pénètre dans une proportion de beaucoup supérieure à celle que les prescriptions de la science ont fixée pour les hôpitaux, les casernes et autres établissements recevant un grand nombre d'individus. La santé des employés s'est toujours maintenue dans les meilleures conditions.

L'ancienne manufacture employait environ 200 *cigareuses*. (le mot est reçu dans le vocabulaire niçois); la Manufacture actuelle en compte 700 ! Elle compte en plus 20 employés hommes. Le prix de la main-d'œuvre ne dépassait pas en moyenne 40 cent. Il atteint aujourd'hui 1 fr. 81 cent. pour les ouvrières. Les hommes gagnent, en moyenne, 3 fr. 86 cent. Le taux moyen du salaire des apprentis est de 84 cent.

Il existe en France dix-sept manufactures de tabac. Celle de Nice est renommée par la belle exécution de ses cigares. Cela tient-il à la qualité de l'air ou à l'habileté des ouvrières ? Je l'ignore. Ce qui est certain, c'est que les cigares de la manufacture de Nice sont signalés par l'administration centrale comme les mieux faits de toute la France. Le très-habile directeur a reçu des éloges à ce sujet. La manufacture de Nice confectionne exclusivement des cigares à 5 centimes, *bouts coupés* et *bouts roulés*. Elle reçoit son tabac, non seulement de tous les points de la France, mais encore de l'étranger. J'ai vu, dans les ateliers de la manufacture de Nice, de très-belles feuilles de tabac du

Kentucky (Amérique). Les principaux entrepôts de la manufacture de Nice sont Nice et Toulon. Cette manufacture alimente encore les deux départements des Hautes et Basses-Alpes. Elle croîtra sûrement encore en importance, et d'ici à quatre ou cinq ans, on compte employer de quatorze à quinze cents ouvrières.

CHAPITRE XI

Les Gloires de Nice — Ses Hommes et ses Femmes Célèbres.

Pensons aux gloires locales, à Antoine Risso par exemple, ce modeste pharmacien qui, à force de travaux, de recherches et de patience, était devenu membre correspondant de l'Institut; Risso, dont les recherches sur la botanique, sur l'entomologie et les autres branches de l'histoire naturelle, ont produit des collections qui font encore aujourd'hui l'admiration des savants étrangers ; Risso, qui a eu l'honneur insigne de correspondre directement avec Georges Cuvier, le plus grand nom scientifique de l'Europe moderne ; Risso n'a seulement pas son nom donné à une rue de Nice.

Il y a quelques années, le vieux prince de Salm-Dick est venu passer l'hiver ici et s'y est éteint dans un âge fort avancé. C'était un savant laborieux et patient comme le sont les savants allemands. Il alla plusieurs fois, avec son secrétaire, visiter les collections d'Antoine Risso, pieusement conservées par J.-B. Risso, neveu et héritier du savant naturaliste dont il s'agit. Le prince de Salm a exprimé souvent son admiration pour les immenses travaux d'Antoine Risso.

Un autre savant, nullement prince celui-là, mais jeune encore et passionné pour les découvertes de la science, M. Maille, de Paris, est venu, aussi lui, à Nice, et a employé trois mois d'un travail assidu à mettre de l'ordre dans les papiers et dans les collections d'Antoine Risso. C'était un homme curieux que M. Maille. Il ne vivait que pour la science et parcourait les montagnes pour y étudier la flore du pays, sans songer à se procurer à boire ou à manger. Il lui est arrivé plusieurs fois de tomber de faiblesse faute d'avoir pris aucune nourriture. On le ramenait à grand'peine à son domicile, et il recommençait le lendemain.

Un jour, après avoir terminé son travail de classification dans les collections d'Antoine Risso,

M. Maille vint prendre congé du neveu qui, ne sachant comment le remercier de ses fatigues et de ses peines, lui offrit de prendre, à son choix, ce qu'il voulait dans les objets rares laissés par son oncle.

— Monsieur, dit sévèrement M. Maille, cela ne vous appartient pas. Ces collections appartiennent à la science et personne n'a le droit d'en disposer.

Antoine Risso a publié, il y a plus de vingt ans: la *Flore de Nice et des principales plantes exotiques qui y sont naturalisées*, puis *l'Ichtyologie des Alpes-Maritimes; un coup d'œil géologique sur la péninsule de St-Hospice.*

J.-B. Verany cet autre savant naturaliste a publié plusieurs ouvrages très-estimés, entr'autres la *Zoologie des Alpes-Maritimes.*

Parmi les peintres, Nice est fière d'avoir vu naître des hommes tels que: Bréa, Castel et Vanloo, dont nous parlons plus loin.

Nice a encore produit:

Les historiens Durante, auteur d'une excellente *Histoire de Nice* et une chorographie du comté de Nice; Roubaudi, *Nice et ses environs* et une *Biographie Niçoise;* Fodéré, une *Histoire* très-remarquable des *Alpes-Maritimes;* Borelli, Gioffredo, Badat, Torelli etc.

Les poètes Alberti, de May, Mlle Sasserno etc.

L'économiste Blanqui.

L'héroïne CATHERINE SÉGURANA.

Les marins DORIA... et GARIBALDI.

Les généraux RAYNARDI, THAON et MASSÉNA.

Enfin d'autres hommes encore vivants aujourd'hui et dont la modestie s'effaroucherait s'ils étaient placés à côté de ces grands noms.

Nous citons en première ligne ceux des hommes qui ont dévoué leur vie au culte de la science et des arts, nous voudrions en ajouter d'autres afin de les donner comme exemple à ceux qui courent après les jouissances de l'or et les frivoles satisfactions de la vanité et de la gloire.

C'est en mettant en relief les natures vaillantes qui se sacrifient dans un intérêt public, que l'on élève le niveau moral des peuples.

VÉRANY (J.-B.) né en 1800 à Nice, est mort en 1865. Quoique décoré de beaucoup d'ordres ce fut un savant dans toute l'acception du mot; sa vie toute entière fut consacrée à la science. Voici en quelques mots la biographie de cet homme éminent. C'est M. Milne-Edwards, son ami et membre de l'Institut, qui mentionne l'œuvre de Verany dans son discours sur les progrès des science dans les départements pendant la dernière période décennale, lu le 25 novembre 1861 à la distribution des récompenses aux sociétés savantes :

« Je me bornerai à faire mention des services

rendus à la zoologie par un des nouveaux concitoyens que nous a donné le splendide bijou dont la couronne de France vient de s'enrichir sur la rive gauche du Var. M. Verany est bien connu de tous les naturalistes par son ouvrage sur les Céphalopodes de la Méditerranée, mais on ne sait pas généralement que, depuis quelques années, il a terminé un beau travail descriptif sur les molusques nus de cette partie de notre littoral. Jusqu'ici ce livre a dû rester inédit à cause des frais considérables que sa publication occasionnerait, mais j'ose espérer, que, grâce à la magnificence de sa généreuse patrie d'adoption, M. Verany pourra bientôt le faire paraître. »

Le nom de Verany a été illustré deux fois : par J.-B. Verany, le naturaliste, et par son frère le très-regrettable André Verany, qui a professé pendant plusieurs années le cours de chimie au Lycée impérial de Nice.

BLANQUI (Adolphe) le savant économiste est né à Nice en 1798. Il fut nommé professeur d'histoire et d'économie industrielle à l'école de commerce de Paris et succéda à son illustre maître J.-B. Say dans la chaire d'économie politique au Conservatoire des arts et métiers. Entré à l'académie en 1838, il fut député à Bordeaux de 1846 à 48. Il a publié des brochures et une histoire en cinq volumes sur l'économie politique. Il s'occupait d'un ouvrage sur les populations rurales et ouvrières de la France, lorsque la mort le surprit en janvier 1854, à l'âge de 56 ans.

Parmi les artistes modernes, on ne peut manquer de citer le célèbre dessinateur lithographe Aubry-Lecomte, né à Nice en 1797. Cet artiste a publié pendant sa longue carrière artistique plus de 160 planches d'après les grands artistes anciens et modernes, dessinateurs ou coloristes, ceux dont la touche est large et puissante comme ceux dont le pinceau a la précision d'un burin. Tous ont trouvé en lui le traducteur le plus intelligent et le plus fidèle de leurs chefs-d'œuvre.

En mourant en 1858, à l'âge de 61 ans, Aubry-Lecomte légua à la Bibliothèque Impériale la précieuse collection de ses œuvres, collection complète, composée de trois cent huit épreuves choisies de sa main.

Aubry-Lecomte qui a fait preuve de la plus grande ingratitude envers Nice, sa ville natale, a légué cependant 2000 francs à l'Association des artistes.

Après avoir fait la biographie de ces illustrations de Nice dans notre siècle, revenons à celles des anciens ; quoiqu'elles soient très-connues, ne cessons cependant de les glorifier.

Cassini (Dominique) est né le 8 juin 1625. Ce fut en 1655 qu'il commença à se faire connaître. Après deux ans d'un travail assidu, il invita, par un écrit public, tous les astronomes d'Europe à l'observation du solstice d'hiver de 1655. Le Sénat en reconnaissance de ses services rendus à la ville de Bologne, lui donna la charge de surintendant général des eaux du Pô. La réputation de Cassini excita la curiosité de Colbert qui le maria en France et le naturalisa (1673). « C'est ainsi, dit Fontenelle, que la France faisait des conquêtes jusque dans l'empire des lettres. »

Vers la fin de sa vie il s'occupa de la méridienne de Paris jusqu'à sa mort en 1712, à l'âge de 87 ans.

Gioffredo (Pierre) né en 1629, se consacra de bonne heure à la théologie, à la littérature et à l'explication des monuments historiques de sa patrie. En 1658 il publia *Nicœa Civitas Sacris Monumentis Illustrata.* En 1674 fut nommé précepteur du prince Victor-Amédée, après quoi il fut nommé abbé mitré de Saint-Pons. Au siége de Nice par le maréchal Catinat, Gioffredo s'offrit comme parlementaire afin d'obtenir auprès du vainqueur des conditions honorables pour la capitulation de la ville. Nice fut sauvée en effet d'une destruction totale. Après quoi, Gioffredo alla vivre paisiblement à la campagne où il écrivit une relation de ce siége. (1 vol. in 4º, *Nice Romero.*) Mort à l'âge de 65 ans en 1692.

Bréa, peintre d'histoire, né à Nice, se fit un nom parmi les artistes de son siècle par la vivacité de son imagination et la fraîcheur du coloris. Il alla étudier à Rome pour se perfectionner dans son art et pendant un espace de trente ans, de 1483 à 1513, s'acquit par ses travaux une juste renommée. Voir sa *Descente de Croix* à l'église du couvent de Cimiez.

Vanloo (Charles-André) né à Nice le 15 février 1675, très-jeune encore il fut emmené à Rome et placé à l'école de Benoît Sutto, peintre distingué, il y fit la connaissance du statuaire Legros dont il devint élève. A sa mort il reprit le pinceau et il revint en France avec J.-B. Vanloo son frère aîné. Tous les deux travaillèrent à la restauration des peintures que la Primatrice avait exécutées à Fontainebleau, enfin Charles Vanloo emporta le prix de dessin en 1723, à l'âge de 18 ans. De retour à Rome en 1727, il peignit le magnifique plafond représentant l'apothéose de Saint-Isidore à l'église de ce nom. Revint en France en 1734, fut nommé professeur à l'académie de peinture en 1749, puis premier peintre du roi en 1752. Il mourut à Paris en 1765.

Catherine Ségurane. Plusieurs écrivains se sont

livrés à des attaques passionnées et de mauvais aloi contre l'héroïne de Nice. Il suffit de lire quelques pages des histoires les plus accréditées en France, pour se convaincre que Catherine Ségurane de Nice a les mêmes droits à la postérité que Jeanne Hachette de Beauvais; l'une appartenant à cette race indomptable de Liguriens, toujours avides de liberté; l'autre, fille de ces intrépides Gaulois dont nous avons sucé le lait.

Voici l'une des plus belles pages de l'Histoire de Nice :

« Le 5 août 1543, les flottes réunies des Turcs et des Français comptant environ trois cents voiles parurent devant Nice, se dirigeant à pleines voiles sur le port de Villefranche. Il serait difficile d'exprimer la terreur dont la population fut saisie à la vue de ces vaisseaux que le vent poussait sur le rivage. Le 7 au matin les Turcs se jetèrent sur le quartier de Riquier en poussant des cris effroyables, menaçant à la fois, le faubourg de Lympia et celui du Sincaire; les journées du 8 et du 9 se passèrent en continuelles escarmouches entre les habitants retranchés dans les faubourgs et les ennemis. Le jour suivant une division des galères Turques sortit de Villefranche et vint débarquer des pièces d'artillerie, et commença à établir des batteries. Vers le soir, un parlementaire français porta une sommation au gouverneur de se rendre. Cet intrépide chef fit cette belle réponse : « Je me nomme Montfort, mes armes sont des *pals*, ma devise *il faut tenir* ; avec l'aide de Dieu et le courage des habitants je défendrai ces remparts tant qu'il me restera un souffle de vie. » Pendant ces pourparlers, Barberousse forcé d'attendre l'arrivée de l'armée française, commandée par le duc d'Enghien, entoura la ville d'un cordon de redoutes armées de 80 pièces d'artillerie de gros calibre. Pendant ce temps une partie de l'armée française traversa le Var, le 11 août, et depuis le 12 jusqu'au 14, les batteries ennemies tirèrent plus de 1200 coups de canon ; la place leur riposta avec la plus grande vivacité. Le feu redoubla dans l'après-midi du 14. Une partie de la tour du Sincaire s'écroula avec un fracas épouvantable, deux brèches s'ouvrirent, puis le 15 au matin, jour de l'Assomption, 120 galères sortirent du port de Villefranche et vinrent se placer en bataille le long de la mer en face de la ville et du château. Un feu terrible commença aussitôt : tout-à-coup l'ennemi s'ébranle aux sons des fanfares guerrières et s'avance enseignes déployées, animé par la voix de ses chefs et muni de longues échelles pour escalader les murailles ; dans cet instant de crise, la vue du danger électrise le courage des habitants, chaque citoyen devient soldat ; les femmes partageant cette ardeur donnèrent des preuves de la plus grande énergie, cherchant à repousser l'ennemi avec autant de valeur que les plus courageux guerriers ; partout on oppose une intrépide résistance à la fureur des assiégeants ; partout on renverse les échelles, tous les efforts des ennemis deviennent infructueux contre les deux brèches tour-à-tour attaquées et défendues avec un égal acharnement.

Cependant Barberousse ordonne aux janissaires de sa garde de recommencer l'attaque du bastion du Sincairo ; ils sont suivis par la compagnie des Toscans et par les volontaires de Provence, ce choc terrible porte l'épouvante parmi les défenseurs déjà épuisés de fatigue ; plusieurs abandonnent la brèche, d'autres sont tués.

Déjà les turcs, arrivés au haut du rempart, y avaient planté l'étendard du Croissant, c'en était fait de la ville infortunée, si le ciel n'eut suscité l'héroïque courage d'une femme du peuple, Catherine Ségurane ! cette héroïne accourt à la tête de quelques citoyens déterminés et ralliant les fuyards du geste et de la voix, parvient à rétablir le combat. Elle profite de la première stupeur de l'ennemi, s'élance jusqu'aux bords du parapet, renverse d'un coup de massue l'enseigne turc qui tenait le drapeau, saisit l'étendard de ses mains ensanglantées et criant Victoire ! Victoire ! achève de ramener parmi les siens, le courage, l'espoir et la confiance ; à cette vue, les janissaires saisis de terreur, abandonnent la brèche, se précipitent pêle-mêle dans les fossés et entrainent dans leur déroute la compagnie Strozzi et les volontaires de Provence.

Cet échec décida la flotte turco-française, qui n'avait plus de poudre, et peut-être encore moins de confiance, à cesser les hostilités et à reprendre le large.

DEUXIÈME PARTIE

Embellissements de la Ville
Ses Promenades et ses Monuments

CHAPITRE Iᵉʳ

LA PROMENADE DES ANGLAIS

Partant des places Masséna ou Charles-Albert, suivre les quais vers la mer et tourner à droite.

On pourrait à juste titre l'appeler le *Lido* de Nice ou de la France, car aujourd'hui il n'existe nulle part une promenade aux horizons plus grandioses. C'est un des points qui, à première vue, fascine l'œil du voyageur, de l'artiste ou du malade. Elle a près de trois kilomètres de longueur sur vingt-sept mètres de largeur et elle est brillamment éclairée. La portion de la promenade destinée aux piétons est élevée de trois mètres au-dessus du niveau de la mer, à qui l'on a laissé une grève de 15 mètres environ pour s'ébattre, mais en ses jours de colère, elle submerge la contre-allée. Il est fort heureux que ces terribles coups de mer n'arrivent que tous les dix ou quinze ans.

Un massif de plantes marines la borde du côté de la mer, tandis que de l'autre côté, elle se développe majestueusement devant une ligne de villas, de palais et de jardins féeriques. Elle franchit le Paillon et communique à la promenade du quai du Midi ou par le *Pont des Anges*, construction élégante, élevée depuis trois ans seulement. Un nouveau square tracé sur l'ancienne place des Phocéens contient une fontaine de Tritons qui a été apportée d'Athènes par Lascaris. Le grand escalier qui descend sur la plage, en tête du pont en face le jardin-public, rappelle les marches des palais vénitiens. A certaines heures du jour et de la nuit, surtout au soleil couchant et par un beau clair de lune, l'illusion est complète; on se croirait vraiment près du Rialto, sur le pont des Soupirs. Un anglais drapé dans son plaid ; une tendre miss, les cheveux au vent, descendent-ils lentement ce large escalier, on dirait de deux amants échappés des poèmes de Byron ou de Walter Scott.

Si la promenade des anglais, qui s'arrête au vallon de Magnan, pouvait être poussée jusqu'à l'embouchure du Var, c'est-à-dire, à près de 4 kilomètres de là. Nice pourrait se vanter d'avoir la huitième merveille du monde.

Depuis le commencement de décembre jusqu'à fin mars ou mi avril, le Longchamp s'ouvre d'habitude, de midi à quatre heures. Le spectacle est des plus séduisants : assis commodément sur l'un des bancs qu'on rencontre à chaque pas, le long de la promenade, on a la faculté d'examiner à son aise tous les échantillons les plus variés et les plus élégants de l'espèce humaine. Barnum rêverait une vaste exhibition du genre humain, qu'il ne saurait trouver un meilleur endroit sur cette Promenade des anglais. Trois à quatre établissements de bains pour Messieurs et pour Dames y sont toujours ouverts.

On n'en finirait pas s'il fallait faire une description de toutes les coquettes et riches villas de la Promenade des anglais. Parmi les plus renommées et les plus historiques on remarque les villas *Diesbach*; *Lions* où mourut dernièrement le roi de Bavière; la villa *Masclet* derrière le Casino, où mourut Halévy; les villas *Stirbey*, *Carlone*, de *Villemessant* du *Figaro*, *Dalmas*, *Robioni*, *Avigdor*, etc. Au milieu d'elles se trouvent de confortables et splendides hôtels, celui des *Anglais*, du *Luxembourg*, de la *Méditerranée*, *Victoria*, etc.

Nous ne saurions terminer ce chapitre sans citer ces remarques humoristiques de Lucien de Capouil:

« On y voit, dans le courant de tous les hivers des Brésiliens, Chiliens, Danois, Égyptiens, Grecs, Indiens, Mexicains, Moldaves, Norwégiens, Romains, Suédois, Ottomans, Valaques, etc, qui, dans la liste municipale, forment une brochette de nationalités s'élevant en moyenne à **2,000** individus.

« Voici, pour ma part, ce que j'y ai remarqué, par un de nos plus beaux soleils de printemps :

« Beaucoup de demoiselles à la basquine dentelée et brodée de jais, laissant voir un jupon rouge, lilas ou pensées, tuyauté vers le bas. Ce sont des Esméraldas sans chèvres et sans tambour de basque.

« En revanche, les jeunes gens, avec leurs vestons en clair de lune, leurs pantalons collants et leurs chapeaux à coiffe-plate, ressemblent à des acrobates ou des jockeys. La plupart ont le stick en mains et la rose à la boutonnière. — Il semble que ces élégantes et ces dandys vont jeter un tapis par terre, installer une corde raide et commencer leurs exercices.

« On aperçoit des cocodès, discourant ensemble du dernier *cotillon*, et mêlés à des hommes mûrs, à l'apparence respectable, mis à la mode de **1835** : redingotte boutonnée avec larges revers, rosette problématique...

« Regardez au chapeau : il est équivoque. La barbe, d'une couleur visiblement changeante, est pour le moment à la Méphistophélès ; l'œil est faux ; on dirait qu'ils ont des faces de rechange. — Ces messieurs sont ou se disent majors polonais, officiers de François II, etc. — Demain nous apprendrons qu'ils ont été mis à la porte du Cercle Masséna pour avoir montré trop de dextérité au baccarat.

« On a un vague souvenir de les avoir vus à Hombourg, à Bade ou à Genève ; mais alors, ils avaient les favoris en côtelette et ils étaient barons allemands.

« De grandes dames, charmantes, distinguées, en robes de soie, se promènent, escortées par leurs carlins et par de vrais gentilshommes, jaloux des bonnes traditions et affolés de causeries.

« Çà et là des groupes autour desquels papillonnent de petits cocodès. Sur les chaises dispersées sans ordre, sont assises des Anglaises roses, diaphanes, souriant du bout de leurs petites lèvres, et des mamans qui montrent en ouvrant la bouche une double rangée de dominos. Il y a sur les genoux des femmes et des jeunes filles des romans sortis du cabinet de lecture...

« On ne saurait croire jusqu'à quel point sont utiles ces volumes, en apparence inoffensifs, souvent crasseux, et dont les marges sont constellées d'observations, souvent naïves, parfois spirituelles. Un jour, en feuilletant un livre de chez Visconti, mes yeux tombèrent sur une jolie écriture, mignonne et tremblée ; ces hiéroglyphes étaient visiblement tracés par une main féminine : *I can't go to you to night...* Ce qui veut dire : « Je ne puis aller *à vous* ce soir... » Je tombai dans une profonde rêverie.

« O littérature du jour, voilà donc à quoi tu sers ! Sous l'œil vigilant des mères de famille, Ponson du Terrail, George Sand, Alexandre Dumas, servent de véhicule à des tendres protestations ? Allez dire après cela qu'il n'y a pas de lectures dangereuses.

« Voici maintenant des petites dames isolées sur leurs chaises. Leur toilette est recherchée ; leur petit pied est posé devant elles sur une seconde chaise de façon à développer la cambrure. Elles s'abritent du soleil au moyen d'une ombrelle ornée de dentelles, dont elles jouent à ravir. Elles ont l'œil doucement provocateur et souriant. Ces tournesols attendent qu'on les cueille.

« Cet Anglais que vous voyez gravement assis du côté du soleil dans la position la plus confortable, la taille et les reins enveloppés de son schall, cet Anglais est l'homme qui n'est venu à Nice que dans la louable intention de consommer du soleil ; il lui en faut pour ses dix milles livres. Réglé comme un chronomètre, il suit un régime, prend sa douche de soleil avec la plus grande ponctualité et lit tous les journaux anglais. Il ne s'intéresse à rien de ce qui se passe autour de lui. Cet insulaire, dont la chaise à la promenade est un instrument de médication, qui prend le ciel de Nice pour un bain de vapeur, — c'est le *client du soleil*.

« A deux pas de lui, s'abritant derrière les groupes, des femmes négligées dans leur mise prouvent qu'elles sont victimes des jeux de la roulette. Ces martyres de l'amour libre ont généralement une coiffure négligée, retombant en bandeaux ; des bottines lâches ; la soie de leur robe est effiloquée sous un tartan à carreaux. Pas le plus petit morceau de rouge ou cold-cream pour subsister à la saison prochaine... Pauvres femmes !

« Saluons avec respect ces hommes graves qui ne peuvent être que des professeurs d'allemand, et ces autres hommes austères, à la cravate blanche et sans col, ecclésiastiques anglais, vêtus d'une ample redingote... En les fouillant, on trouverait une nichée de Bibles (traduction David Martin); et si vous causez pendant cinq minutes avec eux, il vous glisseront dans la main un petit livre intitulé : *Allez à Jésus!*

« Tout cela papillonne, rayonne, bourdonne, tourbillonne, rit, jabotte, se lève, se promène, se salue et va bientôt disparaître comme des ombres pour laisser se morfondre au soleil les ombres des lauriers roses en fleurs. »

LE CASINO OU CERCLE INTERNATIONAL

A l'entrée de la Promenade des Anglais, à droite, après le Grand Hôtel des Anglais.

Ce qu'il manquait à Nice depuis l'annexion, c'était un Palais des Arts, autrement dit Casino, nom vulgaire et malheureux que son fondateur M. Léopold Amat eut dû remplacer par le nom poétique de Palais des Fleurs. En somme, félicitons-nous de pouvoir offrir aux étrangers ce splendide *riposto*, où les beaux-arts, la littérature et la gastronomie se sont donné rendez-vous.

Il y a des salons de jeux.

Il nous semblait que M. Léopod Amat avait promis de les bannir impitoyablement de son programme.

Moyennant un modeste abonnement, au mois, à la demi-saison ou à la saison, les touristes trouvent au Casino les distractions les plus variées et les plus agréables : salon de concerts, de conférences, de lecture, de bibliothèque, de rafraîchissement, de gymnase, de tir, galerie de peinture, *atrium*, etc.

Derrière le Casino s'étend un jardin planté d'orangers, de citronniers et de dattiers. Au fond se détache le pavillon central de la villa Masclet.

C'est là que l'immortel auteur de la *Juive*, Halévy, a rendu le dernier soupir en mars 1862.

La rue qui conduit de la Croix de Marbre à la Promenade des Anglais, le long du Casino, porte ce nom illustre.

CHAPITRE II

JARDIN PUBLIC

Même itinéraire que celui de la Promenade des Anglais.

Cette magnifique oasis de verdure connue, sous le nom banal de Jardin Public, comme s'il était moins public que la rue — Pourquoi pas *Jardin d'Armide*.—Cette oasis, dis-je, est le point de départ de la Promenade des Anglais. C'est aussi la grande serre chaude de Nice, une vraie closerie de roses et de palmiers où des essaims de petits anges bouffis comme ceux de l'Olympe, et plus rosés que les roses du jardin, viennent chaque jour lutiner aux pieds de gracieuses et vigilantes gardiennes qu'on appelle mamans ou *governess*. Un grand bassin mélancoliquement couvert de nénuphar et plein de poissons rouges, forme le centre du jardin. Près d'un grand palmier chevelu, celui de l'annexion, s'élève un grand kiosque d'harmonie ; la musique municipale et la musique militaire y jouent alternativement le mardi, jeudi et dimanche de 2 à 4 heures de l'après-midi.

Autour du square se trouvent l'hôtel des *Anglais*, de la *Grande Bretagne* et celui d'*Angleterre*.

JARDIN DES PHOCÉENS

En face du Jardin Public, au commencement du quai du Midi, à gauche, après avoir traversé le pont de fer.

Délicieux parterre asiatique. Voulez-vous du palmier ? on en a mis partout. Remarquez la fontaine des Tritons qui fait face à la rue Saint-François-de-Paule ; à l'extrémité de laquelle se détache un décor d'opéra, l'esplanade du vieux château avec ses ruines couvertes de cactus, de cyprès et d'agaves.

CHAPITRE III

LE PAILLON

Il y a un revers à cette médaille d'embellissements, c'est le Paillon qui devient un terrible torrent les jours des grandes pluies. En se dirigeant du nord-ouest au sud-est, il reçoit dans son parcours, d'environ trente kilomètres les eaux de sept autres torrents. 1° du lac, à Luceram ; du Thouet, à l'Escarène ; de Léane, venant de Peille et de Peillon ; de Contes, venant de Berra, Coaraza, Contes et Bendejun ; de Cantaron, venant de Châteauneuf ; de la Trinité, venant de Laghet et des montagnes de la Turbie ; de Saint-André, venant des montagnes de Férion, de Tourrette et du Mont-Chauve. De tout temps cet impétueux torrent ne laissa pas de causer de grands dégâts et de vives inquiétudes aux habitants riverains.

En 1830, le pont Saint-Antoine (Pont-Vieux) est emporté comme un fétu de paille. L'année suivante ce sont des couvents et des églises. De 1601 à 1807, il cause onze ou douze fois de suite de grands ravages et réduit des milliers d'habitants à la dernière misère. Ce fut seulement sous le premier Empire qu'on songea sérieusement à parer à ses débordements. La position des propriétés de la rive droite était si critique, que les habitants firent l'offre d'avancer les fonds nécessaires aux travaux. On éleva plusieurs barrages sur le Paillon, mais ces travaux ne furent pas heureux ; un décret impérial du 3 mai 1810 ordonna le remboursement à la ville de Nice d'une somme de 41,000 francs qui avait été dépensée inutilement.

Aujourd'hui on est parvenu à le dompter en le faisant rentrer dans ses limites naturelles. Aussi dans ses jours de débauche, ne parvient-il à enlever, de temps à autre, qu'une ou deux lavandières.

LES QUAIS

Pour revenir du Jardin Public et de la Promenade des Anglais au Pont-Neuf par l'une des deux rives du Paillon, on peut prendre le boulevard Charles-Albert, rive gauche, ou le quai des Palmiers, rive droite.

La Promenade du QUAI DES PALMIERS est très-agréable, on dirait d'une allée tracée dans le jardin des Hespérides.

En passant devant le n° 21, sur le quai Masséna,

continuation de ce même quai des Palmiers, saluez ou arrêtez-vous devant cette maison; c'est là, dit-on, que naquit Masséna, quoique Levens ait réclamé cet honneur.

Le Quai Saint-Jean-Baptiste, continuation du quai Masséna, est de construction toute nouvelle, on le prolonge aujourd'hui jusqu'à la passerelle de la Place Napoléon, qui bientôt sera remplacée par un beau pont carrossable et très-solide.

Les nouveaux bâtiments qui viennent de s'élever le long de ce quai, à partir de la rue Chauvain, renferment des appartements très-sains. Le *Grand Hôtel* est, comme son rival l'*Hôtel Chauvain*, situé en plein-midi dans une position excellente, il donne de plein pied au cœur de la ville, à l'aide du splendide *Square Masséna* jeté sur le Paillon.

Ce square, tracé par M. Durandi, ingénieur-voyer de la ville, a été construit par MM. Poncet et Tapon. Il est soutenu par cinq voûtes de 11 m. 10 cent. de largeur avec des piliers de 1 m. 30 et des culées de 3 m. Sa largeur d'une rive à l'autre est de 65 mètres, sa longueur de 106 mètres. Une voie de 12 mètres de largeur a été réservée sur les côtés pour le passage des voitures. Il est orné de larges massifs de verdure et de quatre fontaines élégantes placées à chaque angle, au milieu des allées. Le centre ou plutôt la corbeille de fleurs du délicieux parterre contient la statue de Masséna.

Ainsi se trouve réalisé un des plus beaux rêves de l'édilité niçoise. Le Paillon, cette horrible verrue qui défigurait la gracieuse reine des Alpes-Maritimes, la perle de la Méditerranée, offre aujourd'hui aux touristes un lieu enchanteur, où il a tout le loisir de prendre, au milieu de l'hiver, un doux bain de soleil et la vue du beau panorama de Nice.

Mais, il y a toujours des mais, dans les embellissements de Nice :

Nous avons la place Masséna, la rue Masséna, le quai Masséna, le cercle Masséna, le square Masséna, la statue Masséna. Pourquoi donc Nice n'a-t-elle pas encore sa statue de Catherine Ségurane, cette grande patriote, sortie aussi d'une classe obscure? Est-ce parce qu'elle est morte comme une simple femme du peuple?

L'AVENUE DU PRINCE IMPÉRIAL ET LA GARE

Partant de la place Charles-Albert, traverser le Pont-Neuf, la place Masséna, suivre l'avenue jusqu'à hauteur du ponceau, tourner à gauche. Ou bien passer par la rue Masséna, prendre à droite la rue St-Etienne et suivre jusqu'à hauteur de l'avenue qui fait face à la gare.

La grande artère qui relie la place Masséna au Chemin de fer offre une belle perspective. Cimiès et le mont Chauve forment à eux seuls un fond de paysage ravissant. Il ne manque plus à cette avenue qu'une belle rangée d'arbres et un peu plus de luminaires. On y remarque de fort beaux hôtels, tels que ceux des *Empereurs*, des *Iles Britanniques*, etc, etc. Le riche établissement de la Charité et l'église de Notre Dame des Champs, ajoutent à la gaîté et à l'animation du paysage.

La Gare, bâtie dans le style Louis XIII, d'après les dessins de M. Bouchot, architecte, a 6000 mètres de superficie et 103 mètres de longueur.

LE LYCÉE IMPÉRIAL

Partant des places Charles-Albert ou Masséna, suivre les quais jusqu'à hauteur du Pont-Vieux, tourner à gauche.

Lorsqu'on considère le degré de splendeur que les nouvelles constructions du quai St-Jean-Baptiste ont atteint, on est désagréablement surpris de la mauvaise situation qui est faite au Lycée Impérial. Ce vieux bâtiment apparaît dans toute sa laideur et fait tache dans le tableau. Il est malheureux qu'il y ait disparaté entre une construction appartenant à l'Etat et des bâtiments élevés par des particuliers. Le Lycée est une des causes de la prospérité de la ville de Nice, il faut donc espérer que l'on se décidera à le reconstruire ou le déterrer, à moins qu'on se contente seulement d'inonder ses pestilentiels abords sous des flots de chlorure.

Le Lycée a été bâti en 1690 par les Augustins; depuis 1815 il était entre les mains des Jésuites, lorsqu'un décret de Charles-Albert le déclara collège national en 1848. Le Lycée a une succursale à Carabacel pour les plus jeunes élèves.

LES PONCHETTES

Passé le Pont des Anges de la Promenade des Anglais, vient le Quai du Midi; après quoi on tombe sur une large plage qui conduit aux Ponchettes, le grand, l'historique rocher dont nous parlerons tout à l'heure. Cette plage, qui deviendra un très-joli quai, longe la terrasse du Cours, pour arriver aux Ponchettes, en face l'Hôtel des Princes et l'Hôtel et Pension Suisse; ils forment un angle très-carré, figure très-géométrique sans doute, mais d'un effet discordant pour tout amateur de perspective.

Ici l'histoire l'emporte sur la perspective, nous sommes au pied de la tour Bellanda.

Près le corps de garde des Ponchettes est située une magnifique maison qu'on a convertie en hôtel, l'Hôtel Suisse, près la Tour Bellanda.

Cet Hôtel et ses dépendances sont admirablement situés. Jouissance de jardins à l'abri du vent et de la poussière, en amphithéâtre sur la partie méridionale de la colline du Château. Du haut de leurs terrasses dans l'ombre touffue de beaux arbres, on jouit de la vue la plus splendide du Golfe de la Baie-des-Anges, des Alpes-Maritimes, et de l'Ile de Corse.

La vue seule du bassin merveilleux où la ville est construite fera comprendre comment elle peut jouir d'un climat aussi doux que celui de Naples.

C'est dans la Tour Bellanda qu'en 1538, durant le séjour de Charles-Quint, du Pape et de François Ier, on enferma les trésors du duc de Savoie et son jeune fils Emmanuel Philibert. Non loin de ce monument historique, dans la direction du château, l'ingénieur André Berganto fit creuser, en 1517, un puits dans le roc, d'une profondeur de 50 mètres. Il figura longtemps parmi les nombreuses huitièmes-merveilles du monde.

Il est question de couper ce trou d'enfer des Ponchettes au moyen d'un pont suspendu; les plans en sont tracés depuis longtemps, et ils seront bientôt exécutés. Après avoir doublé cet angle des Ponchettes on touche au rocher de *Rauba-Capeu* (saute chapeau); autre angle plus incommode que le premier, surtout lorsqu'il fait du vent.

On a taillé pour la première fois cette route en 1760, afin d'établir une communication entre la ville et le port.

A cet endroit des Ponchettes, la généreuse et splendide nature réserve déjà aux promeneurs, presque toutes les après-dînées, une délicieuse surprise. C'est le coucher du soleil au fond de l'Estérel et de la vallée du Var. On ne saurait se figurer les magiques effets de lumière qu'il produit, vu de cet endroit, et, encore mieux, un peu plus bas, au nouveau *Rocher de Cancale*, bâti sur la pointe des rochers des Ponchettes.

CHAPITRE IV

LES PONTS

Le Pont des Anges à l'embouchure du Paillon, entre la Promenade des Anglais et le quai du Midi, est construit en fonte, (1864). Il relie les deux plus jolies promenades de la ville.

Le Pont-Neuf relie la place Charles-Albert à la place Masséna ; date de 1830 ; a été agrandi en 1863. Il est entièrement construit en calcaire jurassique. Jadis une bonne vieille faisait passer le torrent du Paillon sur une planche pour la bagatelle d'un liard ! O âge d'or ! En 1860 on voyait en tête de ce pont, sur la place Charles-Albert, une obélisque élevée par les Israélites en l'honneur de Charles-Félix, en 1827, date de leur émancipation à Nice ; mais en 1861 on ne l'y voyait déjà plus !

Le PONT-VIEUX relie le Lycée et le quai Saint-Jean-Baptiste au boulevard du Pont-Vieux. Quoique très-ancien, il est encore d'une grande solidité. Bâti en 1531 sous l'invocation de Saint Antoine, il fut emporté peu de temps après par une crue du Paillon, puis reconstruit sur le même emplacement, près de la porte St-Antoine, dont on peut admirer les vestiges assez bien conservés, du côté du quai du Pont-Vieux, en face. Elle communique au vieux Nice par un escalier assez large et assez roide. Il paraît que le Pont-Vieux portait aussi le nom de *pont sacré*, parce que l'évêque qui le fit bâtir paya les ouvriers en indulgences ! Il était percé de meurtrières à chaque extrémité et au milieu. Par sa forme bizarre on voit qu'il concourait à la défense de la porte et des remparts. Avec des souterrains percés de lucarnes qu'on remarque sur la rive gauche, il constituait une sorte de petit châtelet où l'on enfermait, assure-t-on, les vierges folles, les conspirateurs et les voleurs.

Les Ponts du Chemin de Fer, de l'Ariane et du Magnan (Voir excursions à St-Pons, St-André, au Var, etc.)

CHAPITRE V

LE COURS ET LES TERRASSES.

Partant de la place Masséna, couper en droite ligne la place Charles-Albert et tourner à gauche, rue St-François-de-Paule.

Le Cours planté d'énormes ormeaux a été tracé sur les ruines de l'Arsenal et des chantiers de construction que Charles d'Anjou fonda en 1250. Les ormeaux datent de 1766; en 1863, on y planta des micacouliers. Il y a quelques années on voyait à l'extrémité orientale du Cours une petite pyramide, élevée en l'honneur de la maison de Savoie, mais un beau jour les pompiers de la ville la démolirent sans façon afin de faire passer une procession.

La porte marine qui se trouve à deux pas, a été construite en 1826 en l'honneur du roi Charles-Félix, on ne parle pas encore de la démolir.

Les Terrasses du Cours ne manquent pas d'une certaine célébrité. Elles s'étendent, au nord de la promenade et forment entr'elles un carré oblong, ou ruelle, que l'on a décorée du vain titre de Cité du Parc. La poissonnerie, n'est pas loin de là. Cependant on peut braver ses odeurs nauséabondes en montant sur la terrasse au milieu du Cours par un large escalier. Du côté de la mer on jouit d'un beau coup d'œil. Au coucher du soleil le ciel offre presque chaque jour de la saison d'hiver un spectacle séduisant. Aussi ces terrasses et la nouvelle promenade des Anglais sont-elles les vrais dioramas de Nice. Ces tableaux magiques, ces peintures splendides sont les plus beaux attraits de ces promenades. Combien de jolies têtes rêveuses restent-elles mélancoliquement tournées vers les sublimes horizons, jusqu'à ce que les derniers rayons du char de Phébus ait disparu tout entier derrière les montagnes bleues de l'Estérel.

Sous les terrasses se trouvent un grand nombre de cafés, de restaurants et d'hôtels, donnant sur la promenade. Du côté de la mer, on peut se procurer des chambres très-confortables, avec balcon et rez-de-chaussée communiquant de plein pied avec la plage.

PALAIS DE LA PRÉFECTURE

Au milieu du cours, en face des terrasses, on remarque la place et le palais de la Préfecture. La préfecture est précédée d'un jardin planté de jolis dattiers. Bâtie dans le XVIme siècle, elle devint sous la maison de Savoie la résidence des ducs et plus tard celle des gouverneurs du comté et des rois du Piémont en villégiature.

Napoléon Ier, le pape Pie VII, Charles-Albert, Victor-Emmanuel, Napoléon III, Alexandre Ier firent aussi acte de présence dans ce palais.

La Préfecture, ancien Palais du gouvernement a eu, tout comme Versailles, ses petites chroniques de l'Œil de Bœuf. Voici une des légendes les plus populaires :

Il y avait en Piémont un roi très-brave et très-aimé; le nom et la date n'ont que faire dans ce récit, plusieurs des héros de ce petit roman étant encore en vie.

Or, un soir de gala le roi recevait les hommages de toute la noblesse du pays. La reine accompagnait son auguste époux; mais, soit fatigue, soit indisposition subite, elle était restée dans ses appartements.

On regrettait beaucoup sa présence; car, outre ses qualités du cœur, la reine possédait une figure d'une beauté remarquable. Elle était aussi célèbre à la cour par la régularité et la forme mignonne de ses mains. Sous ce dernier rapport, on ne lui connaissait d'autre rivale que la marquise de X...

Ce jour de gala, la marquise de X... accourut secrètement de Turin à Nice, quoiqu'un ordre de la reine lui eût interdit ses entrées à la cour.

Tout-à-coup, au milieu de la soirée, l'huissier de service vit une main de femme soulever les plis d'une tapisserie qui masquait l'entrée du salon. Il y eut un moment d'arrêt, le possesseur ou plutôt la propriétaire de cette jolie main s'étant arrêtée pour donner un ordre, elle retenait toujours les plis de la tapisserie. L'huissier crut reconnaître la main de la reine, il se leva et annonça d'une voix solennelle devant toute la cour « la Reine ! »

Qu'on juge de la surprise des assistants et de l'émotion du roi, quand on vit entrer la belle marquise de X..., le sourire aux lèvres ; elle était si belle que la cour ne put s'empêcher de murmurer : « C'est vraiment la reine. »

Il va sans dire que la marquise ne fit que paraître et disparaître comme une ombre vengeresse ou jalouse.

Le lendemain on ne retrouvait pas un cadavre de plus dans les oubliettes du Palais — si oubliettes il y eut — mais une invitée de plus à la cour.

La marquise de X..., c'était encore bien elle, causait et riait avec le roi et la reine.

Et c'était son droit.

Car elle venait demander sa grâce, ainsi que la

permission de présenter son futur, le jeune duc de L..., dont le père avait sauvé la vie au roi sur le champ de bataille.

En sortant de la Préfecture, à droite, n° 14, on voit encore la chambre où vint mourir Paganini.

On raconte à ce sujet cette petite anecdote :

Paganini se sentait mourir, d'une mort lente et cruelle, à peine pouvait-il parler. Dans cette triste extrémité, une dame parvint à introduire dans sa chambre un prêtre qu'il n'avait pas demandé. Paganini le laissa venir près de lui, mais le *padre*, perdit contenance ; ne sachant trop comment engager l'artiste à se confesser, il lui dit :

— Mon fils, vous êtes un grand artiste, je vous ai entendu très-souvent. Que pouviez-vous avoir dans votre violon pour produire de si beaux sons?

L'artiste ne répondit pas, le cruel renouvela sa demande.

Tout-à-coup Paganini se souleva sur son oreiller; il lui dit d'un air furieux, excité par la souffrance.

— Le diable !

— O mon fils !

— Je vous assure que c'est le diable ! Allez le rejoindre !

Le bon père épouvanté par la voix du moribond descendit les escaliers plus vite qu'il ne les avait montés. En un clin d'œil le bruit se répandit à

Nice que Paganini était l'homme le plus impie du comté.

On ajoute que le célèbre artiste fut embaumé et exposé pendant trois jours dans une caisse vitrée. Pauvre Paganini ! son cadavre servait d'exhibition aux Anglais comme celui d'un crocodile ou d'un lézard empaillé. Le fameux Stradivarius de Paganini fut donné au comte de Cessole, président du Sénat, par le fils légitime du violoniste, Cyrus Paganini ; quant à son corps, ce fut seulement après de longues démarches que son fils parvint à le faire porter en terre sainte, à Parme, son pays natal.

A l'extrémité de la rue à gauche, on va par une ruelle, où trônent tous les marchands de fromage fort du pays, à la *Cathédrale Ste-Reparate*. Monument du XVIIme siècle. La coupole de la nef, qui est malheureusement tombée une fois en 1650 sur la tête des fidèles et sur celle de leur évêque Monseig^r. De Palletis, est digne d'attention ; son architecture et ses décorations paraissent être l'œuvre d'artistes distingués.

Si vous voulez visiter l'ancien *Palais des Lascaris*, en sortant de Ste-Reparate, atteignez la rue Droite, qui ne l'est pas du tout, et prenez la première rue dallée à droite.

En 1261, Théodore Lascaris, empereur de Constantinople fut détrôné par Michel Paléologue et vint se réfugier à Nice. Il maria sa fille Irène à Guillaume Grimaldi, comte de Tende et de Vintimille ; leurs descendants gardèrent le nom de Lascaris et possèderont le comté de Tende, jusqu'en 1879.

Aujourd'hui le palais Lascaris appartient à M. Colombo, banquier ; on peut y voir de superbes fresques dues au fameux peintre, Jean Carlone qui a peint le dôme de la cathédrale de Milan, le plafond de l'Annonciata à Gênes et la Chûte du Phaéton dans le château de Cagnes. On y remarque aussi dans les escaliers plusieurs marbres qui portent les empreintes d'une main célèbre ; d'autres objets d'une certaine valeur sont aussi dignes d'attention.

On peut encore admirer de notre temps la maison dont la façade monumentale est ornée de balcons et de tous les ornements de l'art italien.

CHAPITRE VI

LES PLACES

La Place Masséna, sépare le quai Masséna du quai St-Jean-Baptiste et se relie à la place Charles-Albert par le Pont-Neuf.

Cette place du Soleil est aujourd'hui complètement terminée. Elle est entourée de spacieuses arcades, mais on a beaucoup de peine à les traverser à cause des charmantes petites mosaïques de cailloux pointus dont elles sont ornées. Après le tour de la rue Masséna, viendra peut-être celui des arcades de la place ?

La Place Charles-Albert, sépare le boulevard du Pont-Neuf du boulevard Charles-Albert. Elle a été terminée, en 1858. C'est l'antipode de la place Masséna, c'est-à-dire qu'elle est placée en plein nord. Elle est tracée en *circus* comme celui de Regent-Street à Londres.

La Place Saint-Dominique qui relie la rue et la place de la préfecture au Pont-Neuf, date de 1728. On voit au milieu de cette place une splendide façade, celle de l'ancienne église Saint-Dominique (1280), et en face, son ancien couvent transformé en caserne. Quant à l'église elle sert de manutention.

La Place Saint-François, au milieu du boulevard du Pont-Vieux, n'est à noter que pour mémoire, à cause de l'ancienne mairie.

Le nouvel Hôtel-de-Ville, au coin de la rue St-François-de-Paule et de celle de l'Hôpital, est établi dans l'ancien couvent des Minimes ou ermites de Saint François, bâti en 1736, il a été converti en Hôpital sous la Révolution, puis en caserne d'infanterie. Ce bâtiment dont l'ensemble est religieusement respecté, a été restauré par M. Aune, architecte de la ville.

Ce nouvel édifice remplace fort à propos cette mairie de la place St-François, que les étrangers fuyaient comme la peste.

Remarquez, derrière cette place, une sorte de minaret ou tour de l'horloge qui appartenait à un couvent des pères franciscains.

La Place Napoléon, relie au boulevard du Pont-Vieux, les routes de Gênes, de Turin et celles de Villefranche. Elle forme un square d'une largeur de (122-96 mètres) Il a été tracé sur un champ de Mars des Romains. Les bureaux de la Grande Poste y sont installés ; le Mont-Boron et le vieux Château qui la dominent de toute leur hauteur, semblent lui envier son sort. Au pis aller, le touriste pourrait y trouver son compte, car en supposant que le Directeur des postes fût arrivé au comble de ses vœux, la *course à la poste* lui servirait d'un excellent exercice gymnastique ; chaque médecin le recommanderait à ses clients avant leur départ pour Nice ; sans compter les avantages qu'il en résulterait pour les cochers et les cordonniers ; il n'y aurait que les facteurs et les commis à qui seuls on réserverait le droit de maudire la Poste et son Directeur.

La place Napoléon communique encore avec l'autre rive, mais par quelle artère, bon Dieu ! par un autre *pas du Paillon*, une passerelle qui rappelle l'ancien Pont aux Vaches de Paris. Pour peu que le vent souffle violemment des montagnes, la passerelle se livre à une sarabande échevelée ; et tout homme, brouillé avec l'équilibre risque fort d'être précipité dans le Paillon. Ici, admirez encore le génie de l'architecte — l'histoire ne dit pas son nom, — cette passerelle est maintenue de chaque côté par des fils de fer.

Depuis plusieurs années, la municipalité de Nice a voté le projet d'un pont de fer ou de pierre, au lieu de cette passerelle.

LES BOULEVARDS

Le Boulevard du Pont-Neuf, qui suit la rive gauche du Paillon, à partir de ce pont, n'existe proprement dit, que jusqu'au magnifique square du Paillon, quoiqu'il porte encore ce nom jusqu'au Pont-Vieux. Il est à moitié planté d'arbres. A partir du square la chaussée se rétrécit, se transforme presqu'en boyau et forme un contraste choquant avec sa nouvelle et fière rivale d'en face. Ajoutez à cela le Pont-Vieux, cette autre vilaine ruine.

Le Boulevard du Pont-Vieux, qui s'élargit et se recouvre d'un épais ombrage jusqu'à la place Napoléon, n'offre rien de bien remarquable, si ce n'est qu'il est très-fréquenté par les habitants de la vieille ville et surtout par les piémontais.

CHAPITRE VII

LE CHATEAU

Partant des places Masséna ou Charles-Albert, suivre le quai St-Jean-Baptiste ou les boulevards du Pont-Neuf et du Pont-Vieux jusqu'à la place Napoléon; tourner à droite. Si l'on veut y aller du côté de la mer, piquer droit au quai du midi, en coupant la rue St-François-de Paule, prendre la rue Sulzer et suivre le quai jusqu'à l'entrée du Port, près la statue de Charles-Félix, tourner à gauche.

Cette ravissante promenade donne à tout étranger une idée complète de la topographie de Nice.

On y monte de chaque côté par une grande allée qui semble conduire au paradis terrestre. Toute la végétation du tropique et celle du nord s'y sont donné rendez-vous, depuis le pin et le cyprès, jusqu'au gigantesque aloès et à l'agave d'Amérique.

De la plateforme (96 mètres), on jouit d'un coup d'œil éblouissant. C'est un des panoramas les plus grandioses qu'on puisse rencontrer sur tout le littoral. Napoléon III y prit une collation en 1860. La partie N. O. de la colline sert de cimetière. Idée malencontreuse qui éloigne beaucoup d'étrangers de cette promenade et qui force les familles à payer *très-chère* une misérable fosse. Celles qui n'ont pas le moyen de se payer cet honnneur se rattrapent sur les cierges. Ainsi, certain mari bien connu, dépensa 900 francs pour l'enterrement de sa femme, puis il la fit jeter dans la fosse commune.

C'est à partir de 1440, que le Château devint citadelle de 1er ordre. En 1517 on creusa dans le roc un puits de 50 mètres, il a été voûté en 1830. En 1543 les sarrasins, les turcs et les français en firent le siège. Ce fut alors que Catherine Segurane, sauva le Château par un fait d'armes éclatant. L'ennemi ayant essayé de surprendre le bastion Sincaire, où est aujourd'hui l'Asile communal, Catherine s'élança sur le rempart et abattit d'un coup de hâche le sarrasin qui allait y planter son oriflamme.

Mais le 23 août, peu de jours après l'infructueuse tentative des sarrasins, la ville se rendit au duc d'Enghien. Puis dans la nuit du 6 au 7 septembre, les turcs de Barberousse y entrèrent aussi pour piller, tuer, saccager et violer dans toute la ville, ils n'en sortirent qu'après avoir emmené

5,200 victimes, dont 200 belles filles et beaux garçons pour le Sultan, mais les deux galères de ces forbans furent rencontrées en mer par le vice-roi de Naples, qui les ramena à Nice sous bonne escorte. (1)

En 1691, la dernière heure de cette belle citadelle venait de sonner : Catinat la détruisit presqu'entièrement à coups de canon. Depuis ce temps elle ne put réparer ses brèches, et, en 1706, Louis XIV ordonna sa démolition définitive,

En 1827, on découvrit le tombeau de la mère d'Emmanuel Philibert et des ruines romaines.

CHAPITRE VIII

LE PORT

Même itinéraire que celui du Château.

Si l'on descend la grande allée qui conduit au Port, on peut à son aise mesurer de l'œil toute

(1) On voit au pied du Château, rue du mûrier, devant une maison de misérable apparence, un mûrier tout cerclé de fer, à l'ombre duquel Barberousse dressa sa tente, à la fin de ce siège.

l'étendue du double bassin dont l'entrée est assez difficile ; mais il est un des plus sûrs de la Méditerranée (300 mètres de long, 140 de large, 5 de profondeur). Il est question d'un nouvel agrandissement, il consisterait à creuser un nouveau bassin à la suite de l'ancien.

LE LAZARET OU GOLFE LYMPIA

Même itinéraire que celui du Port. On peut prendre le bac (5 c.) à l'embarcadère pour couper le milieu du Port. Gagner l'escalier près la tour de l'horloge et tourner à droite.

Tout le terrain au-delà du Port, paraît être un terrain perdu, tant à cause de la grande courbe que décrit le petit port de Nice, que du manque de communication avec le Lazaret. Cependant le nouveau boulevard de l'Impératrice, sur lequel s'élèvent le palais vénitien de M. le Baron Vigier, la villa de M. de St-Aignan et d'autres bonbonnières bâties tout récemment, ont fait de cette promenade une avenue qui aurait certes la prétention de rivaliser avec celles de la ville.

La perspective du château Smith, sorti probablement du cerveau d'un fanatique de Cervantes, n'est pas non plus à dédaigner. Au milieu de cette débauche d'architecture, il y a des plate-formes, des souterrains, des tourelles, des pavillons, des spirales d'escaliers, des portes, des arceaux, des lucarnes qui vous font rêver au pays de Grenade ou à l'Andoulousie. Si tous les chatelains de Nice avaient imité le propriétaire M. le Colonel Smith, tous les Ponson du Terrail de l'univers s'arracheraient littéralement le pays de Nice afin d'y puiser leurs inspirations.

La tour de l'horloge, au port, appartient à la maison de correction, autrefois bagne piémontais, nous y avons vu tout récemment des journalistes enfermés avec les malfaiteurs.

Lorsqu'on a dépassé les jardins de la villa Vigier, copié d'après le palais des Foscari, de Venise, on aperçoit à droite, au milieu de la mer, des ruines, des pans entiers de murailles complétement renversées. Elles appartenaient à l'une des principales poudrières de la ville qui sauta en 1796. On assure que cette explosion coûta la vie à plus de cinquante personnes, quoique ce dangereux voisin fut isolé de toute habitation et bâti sur des rochers, au bord de la mer.

Le Lazaret n'est plus ce qu'un vain peuple de cicérones a pensé jusqu'ici : autrefois ce n'étaient qu'angles aigus, roches extravagantes, morsures de Léviathan, etc. Aujourd'hui toutes ces sublimes extravagances sont habilement exploitées par des industriels.

La Réserve, parc aux huîtres, représente sur l'arête d'un petit rocher coupé à pic, une miniature de kiosque oriental, comme l'avait rêvé notre cher poète Méry. Les profondeurs de ce rivage de granit ont été agrandies et maçonnées par des hommes de la nature. Là, dans ces lieux enchanteurs, on y mange des huîtres fraîches, tirées du parc qui baigne le pied d'un ravissant pavillon bâti sur la pointe d'un rocher.

Le premier chemin non carrossable qui s'ouvre à gauche conduit à la route de Villefranche.

Celui du Lazaret est carrossable jusqu'à la villa Stuart, où l'on peut visiter de belles collections de plantes.

Après quoi, on entre dans le jardin du *Dispensaire international* tenu par MM. Le Fèvre, docteurs. Dans cet établissement les pauvres reçoivent des soins et des médicaments sans distinction de nationalité ni de culte.

Avant de monter au Château Smith qui touche cette propriété, les visiteurs peuvent se faire ouvrir les portes de la fameuse grotte du Lazaret, à l'est de l'habitation. On a pratiqué au sommet une lucarne d'où descend le jour. La longueur de cette grotte est de 37 mètres et sa largeur de 18 mètres.

On prétend que cette demeure souterraine, en calcaire dolomitique, a dû servir de refuge aux naturels qui, avant le déluge, précédèrent les Gaels. Dans les terrains tertiaires, M. Risso, ajoute-t-on, aurait trouvé des *anneaux !* des *clous de cuivre !* et des briques rondes. Des briques soit, mais du *cuivre antédiluvien*, c'est fort, très-fort.

On y voit aussi des restes d'animaux qui paraissent beaucoup plus antédiluviens que le cuivre en question. Le Docteur Naudot a recueilli des dépouilles fossiles de tibias, de scaphoïdes, d'énormes vertèbres. Autrefois cette grotte servait pendant le mauvais temps de refuge aux bergers et à leurs troupeaux. Les frères Le Fèvre, médecins, en ont fait aujourd'hui une cave où l'on pourrait, au besoin, donner des repas pantagruéliques.

La partie inférieure du *Lazaret* ou *Lympia*, nom plus euphonique, n'aura d'existence réelle que lorsque l'avenue de l'Impératrice aura été achevée; nous demandons à grands cris la continuation de cette avenue. Alors, seulement, on pourra se rendre soit à la Réserve, restaurant intime; soit au Petit Séminaire, sans être précipité dans les rochers et se rompre bras et jambes, comme cela est arrivé dernièrement à M. l'abbé Tribaudini, accompagné de ses deux élèves.

A côté de la grande bâtisse du Petit Séminaire, élevée sur un double escalier de cent marches, on admire les fleurs de la villa Stuart et les beaux oliviers des frères Le Fèvre. On admirerait bien davantage encore leurs vins du pays, si l'on était appelé à les savourer dans la grotte dont ils ont fait leur cave. Les frères Le Fèvre sont, on le voit, des épicuriens qui en prennent à leur aise avec la nature. Que celui qui n'a jamais bu de vin leur jette la première pierre !

Enfin, dernière habitation à resignaler au bas de cette vertigineuse descente d'orangers : la villa Vigier.

Voilà une esquisse rapide de ce quartier plein d'avenir, où se sont groupées les colonies les plus cosmopolites. Toutes les nations, toutes les grandeurs humaines, toutes les fonctions sociales y ont des représentants ; et ce qui paraîtra plus étrange, y vivent en bonne harmonie. On ne désespère pas de voir enfin l'anglais Smith ouvrir à quelques amis les portes de son splendide domaine et peupler ses salons déserts où, jusqu'à présent, les fantômes se sont seuls donné rendez-vous.

TROISIÈME PARTIE

EXCURSIONS [1]

(NORD)

PREMIÈRE JOURNÉE

CIMIÈS

Les Ruines romaines. Le Palais des Préfets romains
Le Temple de Diane. Le Couvent.

En partant de la place Masséna, prendre la rue Gioffredo ; au bout de la rue, faire quelques pas à droite ; à gauche, la montée jusqu'aux ruines. Ou bien on prenent la route de Saint-Barthélemy, aller jusqu'à l'octroi, suivre la route qui monte à droite ; elle traverse Cimiès et aboutit à Saint-Pons. — Température de midi à 3 h. 15 deg. cent. au Nord en déc., 13 en janv., 15 en fev. et 17 en mars. — Voitures : L'omnibus de Saint-Barthélemy, boulevard du Pont-Neuf, conduit jusqu'à l'octroi, 25 cent. Distance du Pont-Neuf, 4 kilom.

Il y a, comme on le voit dans l'itinéraire, deux manières d'aller à Cimiès ; par la montée, le chemin le plus court et le moins attrayant ; et par

[1] Les malades peuvent entreprendre ces excursions, quelques-unes à pied, les autres à cheval ou en voiture par les temps de calme atmosphérique.

St-Barthélemy, au fond de l'avenue de Carabacel, chemin en n'oubliant pas toutefois, sur cette dernière route, de tourner à droite, à hauteur de l'octroi, par le chemin de Brancolar.

J'oserais dire qu'il y en a une troisième par la place d'Armes ; mais elle sied mieux aux piétons qu'aux voitures, car la chaussée se transforme très-souvent en bourbier.

Un peu à près le commencement de la montée, on remarque à gauche les villas Boutaud et Coulman, d'où l'on a une jolie vue sur Nice.

Après avoir dépassé la petite chapelle de Sainte

En aucun cas, les malades ne doivent sortir le matin et le soir, sous peine de détruire en un instant les effets des soins hygiéniques les mieux entendus et de déjouer les espérances les plus légitimes ; car, on ne saurait trop le répéter, les matinées et les soirées surtout sont perfides, très-perfides à Nice ; il y règne toujours une grande humidité et elles sont toujours fraîches à cause des vents du Nord qui soufflent pendant la nuit. C'est là un très-grave inconvénient qu'il faut absolument éviter.

Les heures les plus favorables pour la promenade sont, en hiver, de dix heures et demie du matin à trois heures et demie du soir au plus tard ; vers quatre heures la rosée commence à tomber et il se lève une fraîcheur pénétrante. Les malades doivent se hâter de rentrer chez eux. Il est beaucoup moins dangereux de sortir deux heures après le coucher du soleil, c'est-à-dire vers sept heures, car alors la rosée a fini de tomber, l'air se réchauffe, et devient plus tempéré.

Rosalie on trouve encore des villas et des points de vue sur tous les points cardinaux. La villa Nicolas, remarquable surtout par son figuier monstre qui mesure à sa base 2 mètres 40 centimètres de circonférence et son ombre verticale 30 pas de diamètre. Puis on touche aux ruines romaines que traverse la nouvelle route. Le *cirque* qu'elle coupe en deux, a souffert de ce changement, mais allez donc parler d'histoire aux conducteurs des ponts et chaussées et encore mieux aux ingénieurs? Ils ne connaissent que la ligne droite.

Cimiès, la *Ceménelum* des Romains, fut fondée par les Troyens du Latium. De simple bourgade elle devint chef-lieu des Alpes-Maritimes, après la conquête de Marseille par Auguste. A partir de ce moment, Nice ne fut plus que son humble vassale. Devenue tour-à-tour la proie des Goths, des Vandales, des Visigoths, des Bourguignons et des féroces Lombards, elle perdit un moment jusqu'à son nom, car en 430 elle s'appelait « Bellanda. » Ce fut précisément cet état d'abjection qui sauva ce faible roseau tout prêt à courber la tête, tandis que la fière cité des Céménélens qui, grâce à la force de ses murailles, avait pu jusqu'en 574, résister à l'orage, succombait pour ne plus se relever. Attaquée par les Lombards elle fut enlevée d'assaut, et comme Ilion, dont elle se vantait de descendre, elle périt dans un incendie général. Aujourd'hui il ne reste plus que ses ruines qui ont sauvé son nom. On retrouve des débris de thermes, de temples, de cirque, d'aqueduc ; au sommet de la colline, des piscines circulaires ; à trente pas au-dessous, le temple d'Apollon ; au lieu dit « la Basilique » les vestiges du portique sacré où le grand prêtre rendait ses oracles, et près de là, au bord du chemin, l'amphithéâtre de forme ellipti-que. La porte d'entrée, les gradins, les fosses aux bêtes féroces sont encore reconnaissables. L'Arène est couverte d'oliviers ; ses pierres ont servi à bâtir les maisons environnantes. Sur l'emplacement du Temple de Diane a été élevée l'église (1430) qui existe encore, sans avoir subi aucun changement. Le musée de Turin s'est enrichi d'antiquités curieuses trouvées dans les fondations de ce sanc-tuaire du XVme siècle, des urnes funèbres, des lampes, des monnaies. Cimiès était jadis abondam-ment pourvue d'eaux excellentes qui lui arrivaient dit-on, du lieu nommé Rayet, près de Falicon, à peu de distance de Cimiès, ainsi qu'en haut de Gayraut. Ces eaux sont perdues aujourd'hui et les habitants de la colline de Cimiès n'ont à leur disposition que l'eau des citernes. On suppose que cette perte a été causée par les tremblements de terre si fréquents dans ces parages.

Cimiès ne manque pas de légendes, surtout de *racontars*. Les dames romaines, flagellées si souvent par les grands satyristes de l'époque, jouèrent cependant à Cimiès un rôle tout-à-fait opposé à celui des autres grandes dames de Rome. Ainsi on raconte qu'une noble et riche matrone de Cimiès, Marinnella et Celse son fils, à peine sorti de l'enfance, reçurent le baptême de St-Nazaire et que leur exemple entraîna un grand nombre de conversions. Le Préfet fit arrêter le saint confesseur avec son disciple, il allait les livrer au bourreau quand l'épouse du gouverneur, Dinomeda, secrètement entraînée vers la foi, fit changer la sentence de mort en exil; mais arrêtés à Vintimille, les proscrits furent envoyés à Rome, où ils reçurent ensemble la couronne du martyre.

En voulez-vous d'autres :

Sous Décius apparut Bassus, disciple de St-Dalmas, ce fut le premier évêque de Nice ou de Cimiès et il mourut pour son Dieu au milieu des plus horribles tourments. Cet héroïque supplicié engendra un autre martyr, St-Pons.

Enfin ce fut une femme, cette fois encore, qui fit entendre la voix de l'humanité : l'impératrice Salonine, femme de Gallien, plus puissante que Dinomeda, fit cesser les persécutions à Nice et à Cimiès.

Au milieu de ces saintes traditions se glissent

quelques petits contes de charlatans, tels que celui du dragon, mangeur de petits enfants, qui fut pris par un ange, pendu par lui-même à la voûte de l'église de Cimiés, puis décroché en 1857. Ce dragon, qui n'était autre qu'un crocodile empaillé, a été relégué dans un grenier du lycée.

Ne pas oublier de voir au fond de l'église les deux peintures de Bréa, dont l'une représente la *descente de Croix*; sur la voûte des fresques ont été peintes récemment par le vénitien Giacometti. Dans la première chapelle à gauche, toile d'un peintre de Ferrare (1500), elle représente une *Cène*.

FLORE : *Anemone, coronaria, hortensis, pavonia et orchis longebracteata*.

GÉOLOGIE : *Dolomies, dépôt diluvien sableux, chaux sulfatée*.

ZOOLOGIE, Coléoptères : *chrysomela femoralis, americana; clythra scopolina; percus villæ; timorcha Italica, lavigata*, etc.

PAPILLONS : PAPILIO *podalirius, machaon;* PIERIS *daplidice;* ANTHOCHARIS *belia, eupheno, cardamines;* RHODOCERA *cléopatra;* THECLA *spini, rubi;* POLYOMMATUS *phlœas, gordius;* LYCŒNA *alexis, adonis, alsus;* MELITÆA *didyma;* ARGE *psyche;* SATYRUS *hermione, dorus:* HESPERIA *comma;* SYRICHTUS *malvœ, lavaterœ;* DEILEPHILA *nicœa;* SMERINTHUS *quercus;* CHELONIA *villica, pudica;* TRIPHÆNA *pronuba;* PLUSIA *chalsytis, gamma.*

Alexandre L.

DEUXIÈME JOURNÉE

SAINT-PONS

Son Couvent. Sa maison d'Aliénés.

Suivre le quai Saint-Jean-Baptiste, en partant de la place Masséna, jusqu'à la première montée à gauche. — Température, de midi à 3 h. 14 deg. contig. au Nord en déc., 12 en janv., 14 en févr. et 16 en mars. — Distance 4 kilomètres du Pont-Neuf. — Omnibus de St-André, boulevard du Pont-Neuf, à côté du Café de l'Univers ; prix : 40 centimes.

Après avoir parcouru les quais splendides des Palmiers, Masséna et Saint-Jean-Baptiste, et laissé sur la gauche la mesquine place d'Armes, on atteint le nouveau pont du chemin de fer de Nice à Monaco, et l'on passe sous le ponceau de la voie ferrée, contiguë à un magnifique viaduc en fonte, composé de trois arches de 31 mètres d'ouverture et de 7 mètres d'altitude. Un peu à gauche, se trouve l'établissement des Petites Sœurs des Pauvres. Cet ordre composé de jeunes et de vieilles dames, pleines de dévouement, d'abnégation, d'héroïsme, fait une noble concurrence aux frères capucins, et, au besoin, il pourrait leur servir de modèle.

La route de Saint-Pons a été endiguée depuis 1818, à la montée du couvent; depuis, elle a été agrandie (très-carrossable).

Le couvent de Saint-Pons date de 775. Il fut détruit presqu'entièrement par les Maures en 890. Reconstruit par Frédonnis, évêque de Nice en 999, il passa successivement entre les mains de plusieurs ordres religieux jusqu'en 1543, époque à laquelle il fut encore saccagé par les infidèles. Transformé en hôpital militaire sous la République, il fut enfin restauré par un évêque de Nice en 1835 et occupé depuis ce temps par des frères Oblats.

Son cloître est assez curieux à visiter. On y remarque plusieurs tombeaux et sarcophages très-bien conservés. Derrière le monastère, on voit les restes d'un mur romain qu'on suppose avoir appartenu à un temple dédié à Diane ou à Vénus.

Un peu plus loin, sur un rocher qui domine la grande route, une vieille chapelle à moitié ruinée, où la chronique rapporte que Saint Pons eut la tête tranchée. Plusieurs légendes existent sur la vie de ce saint. Voici la plus connue :

Au temps des Césars, un romain du nom de Marcus et sa femme Julie ne pouvaient obtenir d'enfants, après vingt-deux ans de mariage. Fatigués, de supplier et de sacrifier à leurs dieux, ils imploreront celui des chrétiens. Leur vœu fut exaucé, ils eurent un gros garçon; ce gros garçon, lorsqu'il devint grand, s'appela Pontius; il fut préfet et sénateur de Rome; puis se convertit à la religion nouvelle et devint évêque de Cimiès. Les préfets Claudius et Anabius lui ayant signifié l'ordre de sacrifier sur l'autel d'Apollon, il refusa. Pour le punir, on le livra aux bêtes du cirque; elles ne voulurent pas le dévorer; on employa tous les moyens imaginaires pour le torturer, mais on n'obtint pas plus de succès avec le fer qu'avec la flamme; il n'y eut que la hache d'un bourreau qui ne refusa pas de fonctionner.

Valérius, l'un de ses disciples, enleva son corps et il l'enterra dans l'endroit où s'élève aujourd'hui le couvent. Quant à la tête du saint, elle roula dans le Paillon; des anges la ramassèrent et la portèrent au monastère de Saint Victor, à Marseille (261).

Après être descendu de Saint-Pons pour reprendre la même route qui mène aux grottes de Saint-André, on ne tarde pas à atteindre une maison digne d'un grand intérêt :

La Maison des Aliénés de Saint-Pons. — Cet asile situé près du couvent, est consacré aux aliénés des deux sexes; il reçoit les malades placés d'office et ceux que les familles veulent lui confier.

Cet établissement est administré, sous la *surveillance de l'autorité*, par des religieux et des religieuses de la Congrégation de Sainte Marie de l'Assomption. C'est le cinquième établissement de cette nature que cette Congrégation a fondé en France, avec l'autorisation du gouvernement.

Le service intérieur s'y fait conformément aux prescriptions d'un règlement approuvé seulement par l'administration supérieure. Tout ce qui concerne le service médical, le service religieux, le régime alimentaire est fixé par ce règlement.

Un médecin docteur est attaché à l'asile. Les malades placés volontairement par les familles sont divisés en trois classes. Les prix des pensions sont fixés comme il suit : 1re classe, 4 fr. par jour ; 2me classe, 3 fr., 3me classe 1 fr. 20. Cette dernière classe est mise au régime commun, comme les aliénés entretenus au compte des départements.

Elle renferme aussi une maison de santé.

FLORE : *Cephalaria leucantha ; cistus albidus ; cytisus spinosus ; saxifraga tridactylites ; spartium junceum ; scabiosa collina ; Lysimachia linum stellatum.*

GÉOLOGIE : *Dolomies et roche magnésienne.*

TROISIÈME JOURNÉE

SAINT-ANDRÉ

Son Château, sa Grotte de Cristal.

Même chemin que celui de St-Pons. Après la maison d'Allénds, laisser à droite le Paillon, au Pont de pierre, qui conduit à l'Ariane et poursuivre droit jusqu'au hameau de St-André, dont le château domine les hauteurs. Température au Nord de midi à trois heures 27 degrés cent. 5 kilomètres du Pont-Neuf, Voiture : Boulevard du Pont-Neuf, à côté du Café de l'Univers; Prix 40 cent.

Le château de St-André date de 1687, il a été bâti par la famille de Thaon. Elevé sur un rocher, fortifié d'un double rempart de cactus, d'agaves et d'aloès, il n'offre rien de bien remarquable, si ce n'est qu'une situation pittoresque et un terrain calcaire d'où l'eau s'échappe de tous côtés. En bas, à droite de la route, s'étend une belle allée de cyprès courant au bord d'un délicieux précipice, au fond duquel un torrent bondit, mugit, écume avec un bruit qui fait tressaillir plus d'un cœur de jeune fille. De tous côtés, la nature offre des contrastes bizarres et charmants. Cette allée mène en moins d'un quart d'heure à la Grotte.

L'entrée de cette grotte est aussi poétique que celle de Calypso : des plantes de toute espèce l'entourent comme une guirlande. Derrière ce rideau de verdure, à travers duquel les oiseaux jouent avec les rayons du soleil, pendent des milliers de stalactites aux reflets éblouissants et d'où l'eau suinte goutte à goutte le long de la paroi de la grotte. Au fond est creusé un bassin naturel, plein d'une eau glaciale et limpide ; à côté s'ouvre un autre ciel, une porte de sortie, mais moins grande que l'autre ouverture. Le soleil éclaire cette grotte de dix heures à midi, il ajoute encore au charme qu'elle renferme et complète l'illusion. On se croirait transporté subitement dans le pays des fées.

En sortant de la grotte, il reste à visiter la gorge du même St-André à 15 min. de là. Passer le torrent sur le *Pont Mahomet*, sorte de ruine romaine qui réunissait par dessus l'abîme, l'allée de cyprès à la voie carrossable, puis suivre la route de Tourette tracée sur la grotte même et monter jusqu'aux Ressences. Cette voie est encaissée dans des rochers coupés à pic, c'est une petite *Sierra-Morena* ravissante qui ne demande que son Salvator Rosa.

Je vous parlerai bien de la caverne des voleurs, à quelques mètres de là, près du moulin, mais on en voit tant, surtout de ces sortes de cavernes, que cela finit par devenir commun.

Pour retourner, il faut reprendre l'allée et suivre simplement le cours du ruisseau qui conduit sur la plate-forme du castel. Il y a une chapelle qui sert de paroisse aux habitants.

La source pétrifiante est très-curieuse à visiter, au point de vue de l'art et de la science. Les sujets qu'elle renferme sont très-variés. La nature se charge de mouler tout ce qu'on veut lui confier : des médaillons, des statuettes, des bas-reliefs, des camées antiques, bracelets, épingles, boucles d'oreille ; enfin des nids, des paniers, etc, etc, sont cristallisés en moins de quelques semaines, tous ont le poli de l'ivoire et la dureté de la pierre.

Le système est très-simple. On place les sujets sur un gradin à claire-voie, le long duquel l'eau tombe goutte à goutte et elle dépose lentement son calcaire dans les moules de plâtre ou de bronze.

FLORE : *Adianthum capillus Veneris, cistus salvuefolius, phillyrea augustifolia, coronilla stipularis, hypericum tomentosum, genista hispanica, teucrium lucidum, etc.*

GÉOLOGIE : *Calcaire jurassique et tuf. Chaux carbonnée compacte tirant sur le gris avec diverses pétrifications d'orbulite, recouvert de vestiges de petits animaux marins appartenant à la famille marino chloritense. Corne d'Ammon, fragment fossile de la dite formation.*

L'eau de la grotte contient du bicarbonate de soude, de l'oxyde de fer et du manganèse.

PAPILLONS : PAPILIO *machaon*; ANTHOCHARIS *belia, eupheno*; LEUCOPHASIA *sinapis*; RHODOCERA *cleopatra*; COLIAS *edusa, hyale*; THECLA *rubi*; POLYOMMATUS *xanthe*; ARGE *procida, psyche*; SATYRUS *phædra, fauna, hermione*, SMERINTHUS *tiliæ*, ZYGŒNA *occitanica*.

Alexandre L.

QUATRIÈME JOURNÉE

TOURETTE

La Grotte de Châteauneuf. La nouvelle Grotte de Cristal.

Même route que celle de St-André et de St-Pons. Tourette 11 kilom. du Pont-Neuf. Châteauneuf 12 kilom. Pour aller à la grotte de Châteauneuf, prendre un guide à Tourette. 1 fr. ou 1 fr. 50 par heure.

En sortant de la grotte de St-André, on ne tarde pas à atteindre le délicieux vallon où est située Tourette. Pour accomplir ce charmant trajet, il suffit seulement de traverser les gorges accidentées des *Cluses* de St-André. Tourette, village de 14 à 1500 habitants, est bâtie près la source de St-André. Son nom lui vient de la forteresse en ruines qui est sur une hauteur au-dessus du village. Dans la chapelle St-Sébastien, on voit une pierre de marbre avec l'inscription romaine : *aux Dames Védiantiennes.*

Le plan de *Revel*, montagne qui domine le village, dut être considérablement habité du temps des

Romains, ainsi que le prouvent plusieurs pierres tumulaires qu'on y découvre en labourant la terre. On ignore les vicissitudes de Tourette après la chûte de l'empire d'occident. Peut-être fut-elle ruinée comme Cimiès par les Lombards.

En face de Tourette, se trouve la grotte de Chateauneuf, sur le flanc occidental de la montagne de ce nom.

Elle est creusée dans le calcaire jurassique; son entrée est très-étroite, elle permet à peine de s'y introduire en rampant; aussi est-elle à l'intérieur tout-à-fait obscure. Cette grotte est très-riche en stalactites, en incrustations et en stalagmites; si l'on a soin de bien l'éclairer et de laisser sur son passage un grand nombre de bougies, on peut alors malgré ses détours, embrasser, presque du même coup d'œil et dans tous leurs détails, les colonnes, les parois, les pendentifs, qu'offrent les diverses cavernes dont elle se compose.

Elle renferme plusieurs ossements fossiles fracturés, tels qu'on en rencontre dans la brêche osseuse de l'ancien château à Nice, à Villefranche, à Antibes et dans les cavernes ossifères réparties sur plusieurs points du globe. M. le Docteur Naudot y a recueilli une dent molaire d'ours et une phalange.

Il est très-important de se faire précéder par

un guide, car il existe au milieu du passage souterrain un précipice aux abîmes mystérieuses.

Une autre grotte de stalactites vient d'être découverte à Tourette. Elle paraît être plus riche en minéraux que cette dernière.

FLORE : *Achillae ligustica ; cytinus hypocistis ; helianthemum nummularium.*

CINQUIÈME JOURNÉE

MONT CHAUVE OU MONT CAU

Aspremont.

En partant de la place Masséna, suivre le quai St-Jean-Baptiste jusqu'au boulevard de Carabacel, où l'on tourne à gauche. Suivre tout droit par la route St-Barthélemy jusqu'à l'aire St-Michel, gagner à droite la chapelle St-Sébastien, puis monter à gauche.

En prenant la route de Cimiès, laisser le couvent à droite, arriver jusqu'à l'octroi, de là gagner en face l'aire St-Michel ; tourner à droite jusqu'à la chapelle St-Sébastien, puis monter à gauche.

De la place Masséna on peut encore prendre l'avenue du Prince Impérial, et, en la suivant jusqu'au bout, rejoindre la route de St-Barthélemy.

Carrossable jusqu'à la chapelle, muletier seulement à l'est de la montagne. Altitude 867. Distance 12 kilom. du Pont-Neuf.

Le mont *Cau* ou *Chauve*, ainsi nommé, soit de la nudité de son sommet conique, soit de l'étymologie du nom de *Mont cau*, qui dans le patois du pays, signifie mont chaud, parcequ'on a supposé qu'un volcan avait existé jadis dans ses entrailles, circonstance dont il n'existe plus aucun vestige aujourd'hui.

La curiosité, le plaisir, la vue immense, sauvage, sublime dont on jouit le long du chemin, et surtout quand on est arrivé au sommet de la montagne, y attirent fréquemment un nombreux concours d'étrangers; on compte environ trois heures pour s'y rendre.

Un spectacle ravissant frappe les yeux du voyageur dès qu'il a atteint le sommet des hauteurs de Gairaut; et plus il monte, plus il est étonné des contrastes et des scènes sauvages qu'offre à ses regards le panorama d'une grande partie de la Provence, avec ses longues crêtes de montagnes, couronnées de pics et de pitons. Arrivé au sommet du *Mont cau*, à l'aspect de cette nature presque muette, affectant les formes les plus sauvages et les plus heurtées, il se sent amplement dédommagé des fatigues d'une course qui lui avait paru bien pénible.

A l'ouest, à l'est, au nord surtout, la vue se promène sur un entassement de montagnes plus sauvages, plus majestueuses encore, dont les crêtes couvertes de neige et ombragées par d'épaisses forêts, encadrent d'une ceinture magique ce ravissant tableau.

Vers le midi, le spectateur voit se dérouler à ses pieds, dans toute son étendue, la riante plaine de Nice. De tous côtés, en plongeant les regards dans l'espace, on admire sur les coteaux les plus rapprochés, le gracieux mirage de tous ces arbres, de toutes ces riches moissons, dont les Romains faisaient hommage à leurs dieux.

Quand on a atteint le flanc vertical de la montagne, couverte de profondes et nombreuses crevasses, on trouve au sud un sentier qui conduit à quelques cabanes de berger, on y voit une grotte artificielle contenant une eau claire et limpide.

De l'est à l'ouest, au bord du plateau, on remarque les restes d'une enceinte ou d'un camp retranché, il servait de lieu de refuge aux habitants des environs, pendant les excursions des sarrasins et les guerres de la France contre Nice.

La peste de 1527 força les Salétiens à se réfugier sur le mont Chauve; ils espéraient qu'à cette sommité, élevée de 867 mètres au-dessus du niveau de la mer, ils seraient à l'abri de la contagion, mais le fléau les poursuivit dans cet asile; lorsque la colère du ciel s'apaisa, les misérables restes de la population se rapprochèrent des terrains inférieurs et occupèrent l'emplacement où se trouve le village d'Aspremont.

Presque toute la face méridionale du cône du Mont Chauve qui regarde Nice, a été plantée en cèdres à la partie supérieure (800 mètres) et en pins dans la partie inférieure, les intervalles ont été semés en chênes-verts. La réussite du plant est certaine ; les semis poussent vigoureusement. On peut donc espérer que dans peu d'années une végétation verdoyante aura recouvert ces rochers si nus jusqu'alors. Au commencement du XVIIme siècle, ce Mont Chauve dont la nudité blesse la vue, était couronné jusqu'au sommet de beaux chênes formant une magnifique forêt dans laquelle on chassait le sanglier.

Aspremont ou Aspromont, au pied du Mont-Chauve, 15 kilom. de Nice, pop. 1560 hab., altitude 472 mètres.

Le nom du village vient de *âpre mont*, mont escarpé où il était assis anciennement. Il est situé sur le versant septentrional du Mont Chauve. Des ruines très-anciennes couvrent la crête de cette lisière montueuse et indiquent l'emplacement occupé par les premières habitations. L'épaisseur des murailles, la forme des pierres et le genre de maçonnerie qu'on remarque dans les décombres, font visiblement connaître que cette sommité avait été fortifiée par les *Vediantii*. Il paraît que les Romains y établirent à leur tour un poste militaire. Cette conjecture s'appuie sur un fragment d'inscription qu'un berger trouva dans un endroit appelé aujourd'hui *Casteu vieil*. D'autres ruines dans le même endroit indiquent qu'à la suite de cette catastrophe, les habitants échappés au massacre, transportèrent leurs foyers sur le plateau inférieur. L'église d'Aspremont a trois nefs d'une architecture assez remarquable. Au N.-E. il y avait un temple dans le vieil Aspremont. Le château, un des plus vastes de la contrée, fut détruit en 1793 et ensuite rasé entièrement pour y faire une place ; on a conservé la tour qui sert de prison.

Le vin et les figues de ce pays ont une certaine réputation.

FLORE : *Lavatera Olbia, lomcera etrusca,* au Mont-Chauve.

GÉOLOGIE : *Lignite sur la rive gauche du Paillon.*

SIXIÈME JOURNÉE

FALICON

Sa Grotte de Stalagmites.

Partant de la place Masséna, suivre le quai St-Jean-Baptiste tout droit, pousser jusqu'à St-André, à hauteur de la croix de fer, passé le village, puis tourner à droite. Carrossable jusqu'à la croix. — Altitude 204 mèt. 11 kilom. du Pont-Neuf. 550 habit. Exposition : S.-E. Température du Nord de midi à 3 heures: 14 degrés en novemb., 13 en décemb., 12 en janv., 11 en fév., 14 en mars, 16 en avril.

Le village de Falicon est assis sur le haut d'un monticule, au sud du Mont Chauve, dans le quartier Rayet. On y remarque seulement des inscriptions romaines. Mais ce qui est le plus digne d'attention, c'est la grotte dite Falicon ou Mont Chauve, au pied de cette dernière montagne. Elle plonge dans le roc calcaire jurassique en ligne presque perpendiculaire, à la profondeur de 15 mètres et l'on ne peut descendre qu'au moyen de deux échelles que fournissent les habitants des maisons voisines. Sa forme est à peu près celle d'une rotonde ; sa plus grande longeur, 22 mètres ; sa plus grande largeur,

15. Plusieurs colonnes cannelées, en forme de pyramides rondes très-amincies au sommet, règnent autour et semblent soutenir la voûte. La plus remarquable se dresse presqu'au milieu et frappe le regard par son élévation et par les cannelures et les incrustations, dont l'écoulement et le séjour des eaux ont orné sa surface. Derrière ces colonnes, règnent d'autres petites cavernes qu'on a qualifiées des noms pompeux, de salons, de chambres, de cabinets à la turque, et qu'on ne peut voir qu'à la clarté des bougies. Lorsque de 10 heures à midi, les rayons solaires pénètrent dans ce souterrain, et que les bougies éclairent les petites cavernes, il y a là des minutes d'enchantement; les colonnes avec leurs bizarres ornements, les capricieuses stalagmites qui sillonnent les parois, étincellent tout-à-coup de mille reflets chatoyants d'un effet le plus charmant.

Une petite issue qui s'ouvre dans le sol, sur un des côtés de la grotte, conduit, dit-on, à une autre caverne d'une grandeur à-peu-près égale et également soutenue par des colonnes; elle aboutit à une troisième plus petite, dans laquelle un anglais a seul pénétré, en s'y laissant descendre au moyen de cordes.

FLORE : *Genista cinerea.*

EXCURSIONS AU SUD

PREMIÈRE JOURNÉE

VILLEFRANCHE

La Vieille Route, Le Mont-Alban et le Mont-Boron.

Point de départ des deux routes de Villefranche, place Napoléon. Pour aller au Mont-Alban et Mont-Boron, entrer dans la rue de Villefranche, suivre tout droit la rue et la montée de la route jusqu'au poteau de l'octroi, où il faut tourner à droite. Carrossable jusque là, muletier ensuite. — Exposé au vent S.-E. Température, de midi à 3 heures, au Nord : (Mont-Boron et Mont-Alban) 15 degrés cent. en décemb., 13 en janv., 14 en févr. 16 en mars.

A peine on a mis le pied dans la rue de Villefranche, on remarque la maison n° 1 qui servit de résidence à Napoléon I". C'est en qualité de général de brigade à l'armée d'Italie, qu'il vint prendre son logement dans cette maison, appartenant jadis au comte Laurenti-Roubaudi.

Chose étrange, cet homme qui allait soulever le monde entier et faire couler tant de larmes et de sang, donna lors de ce séjour à Nice, une preuve d'humanité sans exemple : *un nègre*, son valet de chambre, était tombé malade ; il resta nuit et jour au chevet de son lit, quoique le mal fut contagieux, puis lorsqu'il mourut, il donna signe de la douleur la plus violente. Après la chute de Robespierre, Bonaparte accusé à tort, fut décrété d'arrestation, gardé aux arrêts forcés et à vue sur les ordres du représentant Laporte, puis envoyé au fort Carré à Antibes. Le comte Joseph Laurenti, son propriétaire, essaya d'adoucir sa captivité en offrant sa caution, il contribua même à sa délivrance.

Un bibliophile, qui vécut dans la même maison, a réuni quelques souvenirs de ses entrevues avec le général. Voici ce qu'il raconte :

On se rappelle l'émeute qui éclata dans un régiment, sur la place Napoléon, le 7 germinal an IV. (27 mars 1796). Un bataillon de la 209e demi-brigade refusa de marcher aux divisions actives, les officiers ne purent se faire obéir ; Napoléon, averti à temps, monta aussitôt à cheval, accourut sur la place et harangua les mutins. A la vue de ces soldats aux figures haves, aux traits fatigués, aux uniformes en lambeaux, Bonaparte comprit qu'il fallait frapper un grand coup, et ayant fait masser ses troupes en carré sur la *place de la République*, il prononça l'allocution suivante :

« Soldats, vous êtes nus, mal nourris; le gouvernement vous doit beaucoup, il ne peut rien vous donner. Votre patience, le courage que vous montrez au milieu de ces rochers sont admirables; mais ils ne vous procurent aucune gloire; aucun éclat ne rejaillit sur vous. Je veux vous conduire dans les plus fertiles plaines du monde. De riches provinces, de grandes villes seront en votre pouvoir, vous y trouverez bonheur, gloire et richesses. Soldats d'Italie, manqueriez-vous de courage ou de constance ? »

Bonaparte fut interrompu par les cris de *vive la République !* que répétèrent les échos du vieux Château de Nice, aux flots étonnés.

Puis il fit rentrer les mutins dans le devoir.

Le soir de cette mutinerie ou de ce complot, qui avait failli mettre tout Nice à feu et à sang, il écrivit au général Berthier de faire fusiller tous les officiers et d'envoyer les sous-officiers et les simples soldats dans des ateliers de discipline au-delà du Var.

Ce soir-là, dit un témoin de sa vie, je me disposais comme d'habitude à rendre visite au général, j'allais entrer au salon, quand Domingo, le nègre qui lui servait de valet de chambre, me dit d'un air agité :

— Mossou le marquis, n'entrez pas, le général est trop en colère.

Malgré cet avertissement du pauvre Domingo, je poussai la porte et j'entrai. A ma vue il fit un geste d'impatience, puis après quelques minutes d'hésitation, il s'avança et me fit signe de prendre un siége.

— Vous voyez ce que j'ai là dans la main, me dit-il, en me montrant un papier tout frais cacheté.

— Et quoi donc, général ?

— L'ordre de fusiller les traîtres de la 209e demi-brigade. Vous pouvez l'annoncer à vos concitoyens. C'est un exemple nécessaire, il rassurera en même temps tous les peureux.

A cette triste nouvelle, je ne sais pas ce qui se passa en moi, mais la crainte de voir répandre tant de sang, me fit chaleureusement défendre la cause de ces malheureux. Connaissant la vivacité, l'emportement du jeune général, surtout en matière d'insubordination, je m'attendais à une réponse furibonde et peut-être à une rupture définitive entre nous, mais à mon grand étonnement, il se croisa les bras et me regardant en face :

— Je m'y attendais, Monsieur l'abolitioniste de la peine de mort. Dieu merci, il faut encore deux ou trois siècles pour faire accepter votre idée. D'ici là, nous ne serons pas assez fous pour laisser sur nos talons une masse de conspirateurs ou de traîtres prêts à égorger la France quand nous serons aux prises avec l'ennemi. Vous blâmez Robespierre, mais Robespierre a eu mille fois raison...

A ces mots je me levai; le général sourit, il ajouta:

— Si vous étiez républicain, vous comprendriez cela, et surtout, comment j'ai été l'ami de Robespierre le jeune.

Notre conversation fut coupée par l'apparition d'un aide-de-camp du général Berthier, il venait prendre les ordres de Bonaparte. Avant de me retirer, je lui serrai fortement la main; il me comprit et il me dit:

— Je n'oublierai pas ce que vous m'avez dit.

En effet, Bonaparte se contenta de faire passer le commandant en conseil de guerre, et de casser les sous-officiers.

L'ancienne route de Villefranche n'offre pas les mêmes aspects que la nouvelle, mais elle n'est pas moins pittoresque. Si l'une cotoie la mer et plonge sur cette magnifique baie des Anges, dont la pointe d'Antibes à l'ouest et le phare de Villefranche à l'est, forment les limites; l'autre pleine de contours et de sinuosités, domine le beau et riche bassin de Riquier et de Saint-Roch, terre d'alluvion où l'on trouve, en oliviers, en orangers, en mûriers, les plus beaux produits du sol niçois.

Sur l'ancienne route sont échelonnées les ravissantes propriétés de MM. Bonfils, Laurenti Roubaudi, Barberis et au sommet la villa Bellevue.

En remontant cette route, vous remarquez d'abord à droite, une délicieuse villa, appartenant au comte Charles Laurenti, petit-fils du bienfaiteur de Napoléon et ancien député au parlement italien. Elle a pour horizon, d'un côté la mer, de l'autre tout le panorama de Cimiès, du couvent de St-Pons et de la vallée de St-André. *(Voir légendes des villas)*

Un peu en dessous, à gauche, se trouve une belle source d'eau, la fontaine de la Ville, qui va alimenter les marins et les ménagères du port. A côté de la villa Laurenti, suit un mur de soutènement surmonté d'une belle et longue balustrade en terre cuite, elle appartient à la propriété Barberis ; à l'angle du mur qui clot cette vaste propriété, une vieille pierre carrée, d'un brun rougeâtre, attire l'attention, précisément parce qu'elle est encadrée dans un mur tout neuf ; on lit sur cette pierre une prière italienne qui intrigue bien des gens :

DI CHI MI FIDO
GUARDAMI DIO !
DI CHI NON MI FIDO
MI GUARDERÒ IO

Traduction libre :
« Protégez-moi, mon Dieu, contre celui à qui je

donne ma confiance ; je saurai bien me défendre
moi-même de celui à qui je la refuse. »

On a raconté bien des histoires sur cette pierre
(Voir légende de la villa Barberis).

Sur la même route de Villefranche, plusieurs
propriétaires se sont entendus pour créer un chemin carrossable entre cette route et celle de Gênes.
Ce chemin, très-élégant et très-bien entretenu constitue une propriété privée, il se trouve un peu
au-dessous de la chapelle du Purgatoire. L'accès en
est interdit, mais à la rigueur on peut y passer et
il est incontestable que des gens bien élevés peuvent le traverser sans êtres inquiétés. Bordé d'arbustes et de fleurs, ce chemin traverse la très-élégante *Villa Bird* ou *Villa des Rochers* et aboutit à
la route, en cotoyant la *Villa Latour*.

Sur la tour même de cette villa, on peut lire une
inscription latine qui rappelle que la route de la
Corniche, œuvre magnifique de Napoléon Ier, fut
ouverte en 1806 et qu'il respecta la tour qui a
donné son nom à la villa.

Après avoir décrit une courbe capricieuse, au
milieu d'énormes oliviers qui sentent d'une lieue la
voie romaine, on arrive au sommet du col, sur:

Le Mont-Alban (330 mètres) ; il tire son nom
du décor de carton, un fort en ruines qui le domine. Ce petit fort fut élevé en 1557 par le duc Em-

manuel-Philibert et ce fut seulement en 1691 qu'il fut pris par le maréchal Catinat. En 1744, ce fort fut défendu chaudement par des Piémontais contre les troupes françaises et espagnoles. Enfin il se livra de bonne grâce à nos troupes, en 1792.

Le Mont-Boron n'est que la continuation du Mont Alban. Pour en gagner la pointe extrême, on peut suivre le mur en pierres sèches qui s'étend du nord au midi.

Sur tout ce parcours, l'aridité du sol attriste l'œil. Cependant au moyen âge cette historique carcasse de pierres était couverte d'arbres, les consuls de Nice furent obligés de les abattre en 970 afin qu'ils ne servissent plus de refuge aux Sarrasins, maraudeurs de Saint-Hospice. Depuis ce temps, ces bois auraient eu la chance de pousser sans l'écobuage et la paisson, ces deux fléaux des montagnes boisées. En 1863, l'administration des eaux et forêts a fait semer beaucoup de graines provenant d'Afrique et du jardin du Château. Sur certaines parties des flancs de la montagne, les caroubiers, les pins d'Alep commencent à former de jolis bouquets de verdure. On y remarque aussi des *Eucalyptus* d'Australie, des *Grevillea robusta*, au feuillage toujours vert, des *Croton sibiferum* ou arbre à suif de la Chine, des savonniers d'Amérique, des pistachiers et grenadiers de l'Atlas, puis des camérops, c'est-à-dire des palmiers et des dattiers qui placeront plus tard sur la tête de Nice une belle couronne de reine.

Le Mont Boron, 290 mètres, (du moine Boron qui combattit les Maures) resta longtemps au pouvoir des infidèles. L'anachorète Boronius parvint à les chasser et à les refouler jusqu'à Saint-Hospice, leur dernier *fraxinet*, ou forteresse. Des chemins carossables ont été ouverts dernièrement par le génie, sur les flancs du Mont Boron; ils communiquent avec la nouvelle route de Villefranche.

FLORE : (Mont-Boron) *Ruta augustifolia, rosmarinus officinalis, tencrium polium, ixia bulbocodium, leudosum hiamele, allium acutiflorum, atractylis cancellata, cistus albidus, helichrysum stœchas et angustifolia etc.*

(Mont-Alban) *Dianthus longicolis, cerastium brachipetalum, euphorbia ynafalium stœcas, convolvulus cantabrica, thymus vulgaris, plantago lagopus.* (Chemin de Villefranche) *Conyza sordida.*

GÉOLOGIE: *Dolomies rouges et blanches etc, dépôt diluvien, roches coralliennes, poudingues, brèche osseuse et ordinaire.*

DEUXIÈME JOURNÉE

LE MONT VINAIGRIER

Le Vallon des Myrtes ou Vallon de la Murta.

En partant de la place Napoléon, suivre la vieille route de Villefranche, monter la route jusqu'à l'octroi, prendre le chemin à gauche, puis celui de droite; carrossable jusqu'à la première villa, muletier ensuite.

Cette route, ou plutôt ce chemin renouvelé des romains, est très chéri des artistes et des poètes. En effet, figurez-vous le chemin du Parnasse, tracé au-dessus d'une immense vallée aux pommes d'or. A droite, les profondeurs infinies de la mer, toute la rade de Villefranche à vos pieds, avec ses navires, son phare, son fort, son château et ses cassines, que vous croiriez toucher du bout des doigts. A gauche, les nuages qui s'engouffrent dans les gorges de la montagne.

Ce trajet du col de Villefranche au Vinaigrier ne manque donc pas de distractions agréables.

La montagne du Vinaigrier, jadis célèbre par son vin aigre, a trois cônes. Au sud, à droite, se trouve une bastide; derrière le plateau de cette bastide, s'étend un bois de pins qui domine tout le pays, aux quatre points cardinaux.

En marchant ensuite à l'ouest, on atteint la tête la plus aiguë et la plus haute de la montagne. Autre panorama qui ajoute à la surprise et à l'admiration. On peut revenir par les Quatre Chemins où l'on prend le sentier de la *Murta* qui descend à Villefranche.

Si l'on revient sur ses pas vers la villa Bellevue, et qu'on veuille prendre, au bout du chemin, le premier sentier qu'on a déjà rencontré à gauche, sur le flanc occidental de la montagne, on ira visiter la villa du baron Elisi, savant très-versé dans les langues mortes.

Pour descendre au vallon des Myrtes ou de la Murta; aller jusqu'à l'auberge des Quatre Chemins et descendre à droite, (muletier).

Ce délicieux vallon de la Murta, plein de noyers, de figuiers, de caroubiers et de vignes aux larges feuilles, forme un contraste frappant avec la montagne que l'on vient de visiter. A chaque pas, on découvre, à travers le feuillage, les profonds et sublimes horizons de la mer avec des teintes, des effets de lumière qui épanouissent le cœur et la vue. 40 ou 50 minutes employées à descendre ce vallon des Myrtes pour gagner Villefranche, se trouvent bientôt dépensées.

Il va sans dire que le myrthe s'y trouve en abondance. En voulez-vous ? on en a mis partout.

FLORE : (Vinaigrier) *Biscutella ambigua, Erysimum canescens, Saponaria ocymoïdes, Hypericum coris, Rhumnus alaternus, Rhus cotinus, Lonicera balearica, Jasminum fruticans, Ophris speculum, Crocus versicolor, Scilla hyacinthoïdes, Allium rotundum, Stipa juncea.*

TROISIÈME JOURNÉE

VILLEFRANCHE

La Nouvelle Route.

Point de départ, Place Napoléon. Entrer dans la rue Cassini, suivre droit cette grande artère, puis la grande route. Voitures : Station, place Napoléon ; omnibus, boulevard du Pont-Neuf 40 cent. Villefranche 4 kilomètres du Pont-Neuf. 2009 habit.
Moyenne de la température, de midi à 3 heures, au Nord en Décembre 10 degrés cent. Janvier 14, Février 15, Mars 17. A Villefranche station d'omnibus à l'entrée de la ville. Départ toutes les heures.

Afin de continuer notre premier itinéraire, reprenons le col de la vieille route et descendons vers Villefranche. On est en plein sur le tunnel du chemin de fer (1600 mètres de long); l'entrée s'ouvre au pied du versant septentrional. Passé le tunnel, la route se déroule en spirale au milieu d'un bois épais de citronniers et d'oliviers jusque sous les murs de Villefranche (95 mètres au-dessus du niveau de la mer), ancienne *Olivula*, qui dans toutes les histoires, passe pour avoir été bâtie par les Arabes. Au premier aspect, son amphithéâtre de cases et de maisons rappelle vraiment l'Afrique. Pourtant il est écrit que les Phocéens la fondèrent en 1330; ils entourèrent d'oliviers ce *portus d'Herculi*, puis le village d'*Olivula*, dans un petit golfe, à l'est de la rade, à Passable.

Les sarrasins fixés à Saint-Tropez *(Sembracia)* depuis 889, ne manquèrent pas de la dévaster. Pendant près d'un demi-siècle, les habitants d'*Olivula* furent obligés de se mettre à l'abri sur le *Monte Oliva*, au nord de Beaulieu, derrière un *castrum* qu'ils opposèrent à leur *fraxinet*. Ils ne commencèrent à revenir dans leurs anciens pénates qu'à la défaite des sarrazins par Hugues, roi d'Italie et comte de Provence.

Trois siècles après sa fondation, *Olivula* n'avait guère pris de développement. Charles II d'Anjou essaya de l'agrandir en la transportant au nord-ouest de la rade (1295); il lui créa des établissements maritimes, lui donna franchise de tous droits d'entrée et changea son nom en celui de *Villafranca*.

Malheureusement Villefranche a été bâtie les yeux fermés comme si elle devait servir uniquement de serre au jardinier du roi. Figurez-vous des petites maisons en papier tout le long d'une échelle, dressée contre une muraille de granit.

Le vieux port et le bassin de radoub datent de

1295, la jetée neuve de 1829. Un peu plus loin se trouvent l'arsenal, l'ancien bagne et les petits môles du Lazaret; au fond de la rade, un grand mur de soutènement, celui du chemin de fer qui a détruit en cet endroit toute une charmante oasis.

La rade de Villefranche, l'une des plus belles et des plus sûres de toute la côte, a 2,900 mètres de long, 1,800 mètres de large, superficie 3,467 mètres carrés. On assure qu'elle renferme de belles huitrières artificielles, mais faute d'huitres on peut se régaler avec la vue, le panorama de la rade, toujours sillonné par les escadres des plus grandes puissances et toujours entourée d'une immense guirlande de verdure dont un des bouts paraît attaché au pied du phare de Villefranche.

La nouvelle route a été taillée dans les rochers à pic au bord de la mer. Commencée en 1860, elle a été terminée en 1863. En remontant la route, au premier coude qu'elle décrit, le paysage est sublime, imposant, la vue plonge au loin dans la mer, depuis le fort de la rade jusqu'au delà du Phare d'Antibes.

Quelques pas plus loin, à la partie orientale de la rade, on frise la *batterie des Sans-culottes* qui croise son feu avec celle placée de l'autre côté, près du Phare de Villefranche. En face, on voit une sorte de biscuit de Savoie, en fort belles pierres, qui doit servir de résidence à une jolie nymphe, échappée du Parnasse, un bas-bleu enfin !

Un peu avant le Château Smith existe une batterie qui date du moyen âge. Quelques guides assurent qu'elle était jadis défendue par la corporation des cordonniers.... à coups de tire-pieds sans doute ? Au-dessous, la mer forme de nombreuses grottes creusées dans une masse gigantesque de rochers coupés à pic. Évitez d'aller visiter ces parages, si la mer n'est pas polie comme un miroir, le passage est dangereux. Il y a quelques années seulement, sous le Gouvernement Sarde, des carabiniers alléchés par l'appât d'une prime qu'ils devaient gagner en s'emparant de contrebandiers qu'on disait cachés dans ces grottes; ces carabiniers, disons-nous, sombrèrent dans cet endroit avec la barque qui les portait et ils allèrent chercher leurs primes au fond du royaume de Neptune.

Pour descendre à Nice, la route contourne, sur une pente très-douce, le promontoire de Mont-Boron, en laissant à gauche tout le délicieux panorama de la vallée du lazaret ; à droite, derrière soi, de charmantes villas telles que les propriétés, *Astraudo, Année, Boismilon, Jardel, Gustavin, Laurens, Louisa, Frémy, Hausmann, Victoria, Chauvain,* etc.

M. le baron Hausmann, l'un des plus grands démolisseurs du siècle, a fait construire sur ce versant du Mont-Boron un élégant pavillon, au milieu d'un jardin féerique, comme on en trouve dans les contes des mille et une nuits. On assure que M. Haussmann, déjà nommé, a acheté, au poids de l'or, une des plus belles collections de graines de l'Europe, à l'un de nos horticulteurs. Son voisin, M. Frémy, en aurait fait autant.

FLORE : *Reseda lutea mediterranea, anemone pavonina, pistacia lentiscus, cneorum tricoccon, cytisus argenteus, circinata ; securigera coronilla ; cerathonia siliqua, hyoseris scabra, inulao dora, anthemis altissima, cerinthe aspera, hyosciamus, albus an aureus, bartsia trixago ; coris monspellensis ; phyllirea latifolia, canphorosma monspeliaca, euphorbia serrata, exigua nicœensis, allium subhirsutum, ornithogalum narbonense, smilax mauritanica, milium cœrulescens.*

GÉOLOGIE : *Pyramidelles, turritelles, cyclopes, murex, marginelles, etc., etc. (à l'est de la baie) Caryophilles, polystomelle, scaphandres, piroles, hyalées. Chaux carbonatée compacte, chloriteuse avec dentrites et infiltrations vertes de chlorite, pareille au green sand surplacée au calcaire marneux, avec nautille fossile, isolé. — Idem jurassique chloreuse avec ammonites bélemnites fossiles, — Brèche osseuse empâtée dans un calcaire rouge.*

ZOOLOGIE : *(Poissons habitant les parages) Conger cassinii, cephaloptera Massena, merlucius maraldi etc. L'argonaute, argonauta argo, est assez commun dans la rade.*

QUATRIÈME JOURNÉE

BEAULIEU

St-Jean. La Petite Afrique. La mer d'Eze.

En arrivant par la nouvelle ou la vieille route jusqu'à la station des omnibus, passer derrière cette station, monter à gauche et suivre à l'est jusqu'à l'église. Chemin carrossable jusqu'à Beaulieu. — Distance : Beaulieu, 7 kilomètres du Pont-Neuf ; Saint-Jean, idem. Moyenne de la température, de midi à 3 heures, au Nord: 17 deg. cent. en décembre, 16 en janvier, 15 en février, 18 en mars, 20 en avril. — Omnibus, boulevard du Pont-Neuf.

Le fond de la rade de Villefranche était, il y a peu de temps, tracé au bord d'un sentier fleuri que l'impitoyable souverain de l'époque, S. M. le Chemin de Fer, a presqu'entièrement détruit. Couverts d'un printemps éternel, ces bords enchanteurs ont conservé quelque peu de leurs charmes. Lorsqu'il s'agit d'aller vers la presqu'île, on est d'abord guidé par un magnifique palmier qui secoue sa longue chevelure d'or au bord de la mer, au sommet d'une grande maison qu'on appelle les Capucins. Jadis elle était occupée par des moines de l'ordre de Saint-Augustin.

Aussitôt après, à la bifurcation des deux petites routes, celle de gauche mène aux Quatre Chemins, celle de droite contourne la rade et passe devant une petite chapelle, l'Ange gardien. De là, on s'enfonce jusqu'au cou dans des sentiers aux buissons d'orangers, de grenadiers, de myrthes, de lentisques, de chèvres-feuilles ; un peu au-dessous, contre les rochers et jusqu'au milieu des précipices et des écueils creusés par les flots en furie, poussent à foison les cactus, les pins d'Alep, les caroubiers au tronc séculaire et tordus par le souffle impétueux de l'irascible Eole. On marche ainsi dans cette petite forêt d'Amérique du Sud, jusqu'à hauteur du deuxième pont du chemin de fer. Après quoi, on cotoie la Baie des Fourmis, puis on entre dans les bois de citronniers.

Le village de Beaulieu, proprement dit, est un mythe. Une église, quelques villas cachées çà et là comme des nids de fauvette valent cependant mieux qu'une affreuse mairie, un maire plus affreux encore, des fermes, des étables, des écuries, etc.

Quelle triste mine feraient aussi des poules, des oies, des canards, des dindes et des porcs au milieu de ces bois de colombes, de rossignols et de fauvettes ? La baie de Beaulieu s'étend derrière l'église, elle est borné au sud par la Batterie et au nord par les bois et les rochers de la Petite Afrique.

On pourrait aller plus commodément à la Petite Afrique et à la mer d'Èze, avec un bateau. On compte de l'église au bois environ 20 minutes ; idem du bois au tunnel ; par la rampe taillée dans le roc, on atteint la mer d'Èze en moins de 30 minutes.

Ce nom de Petite Afrique n'a pas été volé par ce Beaulieu. Jusqu'au grand rocher de *lou Baus-rous*, elle est encaissée dans une série de roches sauvages et de toute sorte de plantes tropicales. Sa température est naturellement très-élevée, en hiver elle monte parfois jusqu'à 40 degrés. Le long du chemin de fer on peut voir le plus gros olivier que toute la contrée ait produit. Situé dans la propriété de M. de Quincenet, il mesure 7 mèt. 15 centim. de pourtour, à 1 mètre 50 centimètres du sol. Olivetta forme la crête de la falaise, elle est ornée d'une chapelle, d'une ruine et d'une croix, en souvenir d'un jeune botaniste qui tomba dans un précipice en 1839.

La mer d'Èze est cachée par le cap de *Baus-rous*. Après viennent le cap d'Estel, le cap Mala, la Baie St-Laurent, la grande pointe du cap d'Œil, la base de la Tête-de-Chien, enfin Monaco.

Ce chemin qui sera bientôt tracé, serait plein de charmes si l'on pouvait le suivre sans courir le risque de rompre mille fois les os. D'ailleurs on peut, en chemin de fer, en admirer toutes les beautés et en énumérer tous les dangers.

« Que de fois, moi qui aime à me promener, j'ai suivi ce sentier au soleil ! dit un poète-ami, Victor Garien. Ce n'est qu'une falaise, mais quelle falaise ! avec les chênes et les pins maritimes qui étendent comme le bras d'un candélabre, leurs branches aux aiguilles reluisantes !

L'eau transparente se couvre de faibles rides et d'ondulations courbes qui, sous l'influence de la brise, viennent mourir sur la plage avec un léger bruit. La mer rit et balbutie comme un enfant joyeux ; la voix faible de quelques grillons se joint à son babil et l'on voit des papillons blancs voltiger sur le bord, au soleil. — Au bout de cet enfoncement à l'aspect sauvage sont de petits murs à hauteur d'appui, recouverts d'un très-beau lierre ; à leurs pieds, sous de gros figuiers, croissent des géraniums écarlates. En deux minutes, on est à Passable.

Et le sentier du fond de la rade ! — Quand vous arrivez de Nice, laissez Villefranche à votre droite et suivez le chemin montueux qui est devant vous. Vous ne tarderez pas de vous enfoncer dans la forêt d'oliviers qui s'étale sur le flanc de la montagne comme une magnifique draperie de velours vert.

Là, vous verrez autour de vous les oliviers séculaires et les pins; sous vos pieds se trouve un abîme de verdure et de branches vigoureuses, entre lesquelles apparaît la mer bleue. — Devant vos yeux, s'étend un vaste tableau qui n'a pas sa copie dans le monde, et qu'on appelle la rade de Villefranche.

Pour peu que le soleil rayonne sur votre tête, que les oiseaux voyageurs de l'automne se posent et chantent dans les arbres, vous sentirez une vie active et pénétrante circuler dans vos veines; une douce magie dissipera le *spleen* dont vous semblez atteint et vous ne regretterez pas, je vous le promets, votre promenade des Anglais.

Au point culminant de ce sentier, à l'endroit où la vue se découvre tout-à-coup, on trouve un banc de pierre surmonté d'une fresque grossière, où quelque peintre naïf s'est amusé à barbouiller un paysage. — Ce banc se trouve si heureusement placé, entre deux montées fatiguantes, que le voyageur le voit toujours apparaître avec plaisir, et ne manque jamais de s'y reposer un instant.

Il a dû arriver à plus d'un de bénir la prévoyance des autorités municipales de Villefranche, sans se douter que sa reconnaissance était due à d'autres; car le nom de *Banc des Anglais*, sous lequel ce repos est désigné, ne s'applique pas aux Anglais en tournée de plaisir qui viennent s'y asseoir, mais bien aux Anglais qui l'ont fait construire.

Comme il est juste de rendre à chacun selon ses œuvres, nous allons raconter cette simple histoire :

Il y a trente ans environ, arriva à Nice une lady de haut rang, qui, ayant entendu parler des vertus miraculeuses de notre climat, était venue d'Angleterre à grands renforts de guides et de postillons. — Ce n'était pas pour elle que la noble dame venait demander la santé à ce beau ciel ; — elle avait un fils qu'elle aimait à l'adoration, et qui, depuis longtemps, était dévoré d'une maladie de langueur. Les efforts de la médecine avaient été impuissants ; toutes les cures tentées par la science n'avaient fait que hâter vers le tombeau la marche du malheureux jeune homme, — et l'on s'était décidé à s'adresser à cet empirique par excellence qu'on appelle le soleil.

On conseilla à l'étranger de choisir, sur les bords du golfe de Villefranche, une de ces villas suspendues comme des nids au flanc de la montagne ; les brises vivifiantes de la mer y soufflent le matin, — et le soir, la brise de terre les renvoie à la mer, parfumées de la senteur des pins. — Elle suivit ce conseil.

Au bout de quelques jours, le jeune homme, qui ne pouvait, d'abord, que languir sur une chaise longue, commença à se ranimer sous l'influence de cette atmosphère. — Quelques semaines après, il sortait pour la première fois ; il dirigea ses pas vers ce sentier qui monte dans les arbres et tourne au fond de la rade. Ivre d'air et de soleil, il fut obligé de rentrer, trop faible pour supporter ces effluves trop fortes de vie et de bien-être. — Mais le lendemain, il recommença sa promenade; et chaque jour il avançait son itinéraire de quelques pas dans ce ravissant sentier.

Les couleurs revinrent à ses joues, les forces à ses membres, et un jour, il arriva au bout de ce chemin, à l'endroit où l'on aperçoit la mer du côté de Beaulieu. Il lui avait fallu plusieurs mois pour connaître ce chemin en entier.

Mais que de fois, succombant sous l'influence magnétique de cet air vivifiant, pris de lassitude au milieu de sa promenade, il lui avait fallu s'arrêter et s'asseoir sur le bord de cet inculte sentier!

Quelques saisons après son arrivée dans le pays, personne n'aurait pu reconnaître le malade qu'on avait emmené à Villefranche presque mourant. La force et la santé rayonnaient dans sa personne ; le climat, plus puissant que la science, avait rendu ce fils à sa mère.

Un jour enfin, il put songer à retourner dans sa patrie, capable d'affronter les rigueurs de l'hiver du Nord. Mais sa mère — une mère seule peut trouver dans son cœur ces trésors de reconnaissance — ne pouvant s'acquitter envers Dieu, qui seul avait rendu la santé à son fils, — voulut au moins laisser aux hommes un témoignage de sa profonde joie.

Elle proposa à la ville de Villefranche la fondation d'une école gratuite, à ses frais. Un bienfait est toujours le bienvenu, mais il était dit que cette dette serait acquittée d'une façon plus conforme au service rendu.

La mère fit part à son fils du projet qu'elle avait conçu et lui demanda son avis. — Le jeune homme, appelé à réfléchir sur les intérêts du pays, se rappela alors les fatigues qu'il avait éprouvées dans le sentier du fond de la rade. Il songea à tous ceux qui passeraient après lui dans ce sentier, et qui, comme lui, éprouveraient le besoin de s'y reposer, et il proposa de faire construire, au sommet de la montagne, un banc de pierre, dont les faibles et les malades surtout sentiraient le prix.

Ce projet fut exécuté peu de temps après, — et c'est ainsi qu'aujourd'hui, l'on trouve sur le sentier de Villefranche à Beaulieu, le repos connu sous le nom de *Banc des Anglais*.

Voilà l'histoire dans toute sa vérité. — Vous voyez qu'on a rien à perdre à sortir, et que la fatigue elle-même a son prix, puisqu'elle rapelle des souvenirs qui donnent au cœur quelques émotions. Voilà un de mes remèdes contre le *spleen*. »

Pour aller à St-Jean, il faut suivre l'itinéraire de Beaulieu jusqu'à l'isthme, puis là prendre à droite, vers le sud.

La presqu'île de St-Jean foisonne de sites ravissants. Chaque touriste a toujours choisi son petit coin de roche ou de terre avant de quitter Nice. Les uns idolâtrent le petit golfe des *Fossos*, par le premier sentier à droite, après le port ; les autres raffolent des petites *fossos*, ou mer d'huile, ou bien encore de la *pointe des Fourmis*, du *Vaet*, près du Pharc. Il y en a pour tous les goûts.

Il est d'usage de venir à St-Jean pour y faire le pick-nick ou pour y manger la bouillabaisse. Après le repas ou la halte, on a tout le loisir de visiter l'église et le petit port de St-Jean. Après cette visite, on peut se diriger vers la tour de St-Hospice.

FLORE : (Beaulieu) *Toutes les plantes les plus méridionales du pays. Violettes des bois et de Parme en grande quantité.* (St-Jean) *Anthyllis barbajovis ; pistacia lentiscus ; therebentus narcissus niveus etc.* (Mer d'Eze) *clematite maritime, daucus mauritanicus ; anthemis australis ; leuza conifera ; ajuga iva ; lavandula stœcas.* (Col d'Eze) *Achillea nobilis.*
GÉOLOGIE : *Roches crétacées.* (St-Jean) *terrain jurassique.*
ZOOLOGIE : *Echidna aspis,* (rare) *lacerta ocellata etc.*

CINQUIÈME JOURNÉE

SAINT-HOSPICE

Le cap Ferrat et le Phare de Villefranche.

Même itinéraire que celui de Beaulieu et Saint-Jean. Partant du port de Saint-Jean, suivre le chemin qui longe ce port jusqu'à la tour de Saint-Hospice.

En longeant le chemin du port de Saint-Jean, on atteint bientôt la tour de Saint-Hospice. 20 à 22 minutes suffisent. A côté de la tour, existe une chapelle qui paraît bâtie sur des débris de remparts. A l'extrémité de cette péninsule, la vue embrasse tout le panorama de la côte ; depuis le Phare de Villefranche jusqu'à Monaco et Bordighiera.

On suppose qu'une colonie romaine a existé dans ces parages. Chaque jour on découvre des prestiges précieux ; en 1863, on a découvert dans les fondations de la batterie et du fort de Beaulieu près de cinq cents squelettes humaines, des lacrymatoires, des urnes, des monnaies du temps de Constance, de César, etc.

Dès le VIme siècle, le cap St-Hospice avait acquis de la popularité jusque dans les Gaules. Un ermite qui l'habitait à cette époque, fit des prédictions d'une certaine importance. Un des pères de l'Eglise, Grégoire de Tours rapporte qu'il prédit la descente des Lombards. Cet ermite, nommé Hospitius, était, assure-t-on, supérieur d'un couvent de Bénédictins qui fut détruit par les Barbares.

Le dernier *fraxinet* des Sarrasins fut construit à St-Hospice. Il fut complètement détruit et rasé, en 973, par Guillaume Ier, comte d'Arles et de Provence. Les Templiers vinrent y séjourner en 1527 et 1528; de là, ils allèrent s'établir à Malte. Les ruines du fort et des remparts appartiennent au VXIIIme siècle, (1706); ils furent construits par Emmanuel Philibert presqu'en même temps que ceux de Mont-Alban et de Villefranche.

On raconte que ce prince faillit être enlevé en cet endroit par un corsaire génois nommé Occhiali. Deux gentilshommes de sa suite tombèrent seulement entre les mains d'Occhiali qui offrit de les rendre contre 2000 écus d'or et un baiser sur la main de la duchesse. La cour y consentit, mais on assure que la duchesse se fit représenter à ce baise-mains par une de ses chambrières.

Avant de quitter le golfe, remarquez un phénomène curieux de la nature dans les jardins de M. de Quincenet, où se trouve le gros olivier : ce sont deux grands pins qui se sont étroitement greffés à l'aide d'une branche transversale.

Autrefois, à certaines époques de l'année, le golfe St-Jean donnait beaucoup de thons aux pêcheurs de la presqu'île, on y faisait des pêches miraculeuses, principalement en avril, mais depuis 1861, les thons ont déserté ces parages. Est-ce parce qu'ils ont vu l'annexion de mauvais œil ! J'aime mieux cette objection, elle me semble plus logique que celle du bateau à vapeur de Monaco qu'on accuse d'avoir chassé les thons. D'autres gros poissons, entr'autres le dauphin, le requin et la baleine viennent très-souvent visiter le littoral. Une baleine mesurant 25 mètres de long échoua à St-Hospice en 1798. Les îles Lérins eurent aussi leur baleine en 1821 ; Bordighiera la sienne en 1844 ; Nice en vit promener une pendant quinze jours au milieu de la baie des Anges en 1852 ; puis, en 1864, Cannes en attrapa une autre.

La plus jolie villa du golfe, la villa Denegri bâtie comme un nid de mouettes au bord de la mer, a servi de résidence à l'impératrice douairière de Russie.

Le CAP FERRAT, extrême point de la presqu'île

au sud, tire son nom des terrains ferrugineux qu'on y rencontre. D'après les traces minéralogiques qu'il indique, le cap paraît renfermer des mines de fer. Au moyen-âge, il était très-boisé, on le brûla en 970, en même temps que le Mont-Boron, toujours par raison de sarrazinades. Aujourd'hui la Cap Ferrat a été semé sur une étendue de 60 hectares, en caroubiers et en chênes-verts qui poussent avec vigueur et ne tarderont pas à former un massif complet et toujours vert, qui enlèvera à ce cap son aspect d'aridité.

Le Phare de Villefranche avec ses trois balcons superposés, offre au touriste un des plus beaux coups d'œil sur la mer de Nice. Près de la maison du garde se trouve une tombe, celle d'un riche anglais mort à Nice en 1117 en odeur de protestantisme, ce qui le fit exclure par le clergé du cimetière commun.

Les amateurs de chasse au lézard peuvent se passer cette fantaisie tout à leur aise, car cette partie du cap pullule de ce charmant et précieux reptile. Si l'on veut savoir le nombre incalculable des mauvaises petites bêtes qu'ils détruisent chaque jour, on a qu'à consulter Cuvier, Risso, Verany, etc ; les salamandes s'y rencontrent aussi en grand nombre. Il va sans dire qu'ils sont innoffensifs, et qu'il faut être doué d'une grande agilité pour les attraper.

Le chemin de fer de Nice à Monaco traverse le fond de la rade de Villefranche, où se trouve la première station ; un peu plus loin, à Beaulieu, au-delà de St-Hospice, autre station, celle de l'Arrêt, puis celle d'Eze

FLORE : (Saint-Hospice) *Hyoseris radiata, Thrincia tuberosa; Staehelina dubia, cancellata; Stachys hirta, Passerina tarton-raira, Ophris lutea, Serapia lingua, Passerina tarton-raira, Crucianella maritima, Latifolia,* etc.
GÉOLOGIE : (Saint-Hospice) *Roches crétacées sénoniennes.* (Cap-Ferrat) *Terrain jurassique.*

SIXIÈME JOURNÉE

EXCURSIONS DANS LA RADE

Villefranche. La baie de St-Hospice et de St-Jean.

On peut prendre un bateau au port de Villefranche ou à celui de Nice (Voir tarif des bateaux).

De la presqu'île de Saint-Hospice on peut revenir à Nice en tournant au bord la rade de Villefranche, en doublant le cap de Saint-Hospice, appelé par les marins *Saint-Soupir*.

Cette promenade en bateau, protégée par une tente contre les rayons solaires toujours si chauds sur la mer de Nice, est une des plus agréables qu'on puisse faire dans les environs, lorsque la mer est calme. Aux regards du navigateur se déroulent des falaises, des criques, des rocs blanchis ou déchirés par les flots de la mer. Puis c'est la magnifique rade de Villefranche; ce sont de distance en distance des grottes ou cavernes présentant leurs ouvertures béantes au-dessus du niveau de la mer. Si avant d'entrer dans le port, on veut jouir d'un spectacle admirable, il faut faire pousser au large à une demi-lieue environ du bord de là, vous verrez le grand golfe de Nice s'étaler dans toute sa majesté; votre regard embrassera à la fois et tout le bassin et tout le littoral, depuis la pointe d'Antibes jusqu'au delà de Bordighiera. Dans un horizon reculé vous verrez s'élever des masses grisâtres de montagnes, dont les cîmes indécises et amoncelées semblent se dresser à peine comme les vagues d'une mer agitée. A mesure que vous approcherez du rivage, Nice se dessinera plus distinctement à la base de ce vaste panorama; et, cette multitude de maisons disséminées sur les hauteurs voisines, et qui paraissent se confondre avec celles de la ville; les cloches, les coupoles, les tours d'horloge, cette belle terrasse qui unit le rocher de l'ancien château aux promenades du quai du midi, puis au *Lido* de la France, lui donnent l'aspect d'une vraie capitale.

Ajoutez à ces contrastes un beau ciel azuré, une atmosphère transparente, l'éclat d'un soleil vivifiant, que réfléchissent et multiplient les flots de la mer, mollement agités, et vous aurez à peine une idée du tableau magique que ce majestueux ensemble offre à l'œil de l'observateur.

POISSONS: (Villefranche) *l'espadon, la rascasse, la scorpène, le chapon, le gougon de mer, la girelle,* etc; *enfin le thon, la muse, le cabot, la bécasse de mer, le ballste, le bodrois, l'esturgeon, la lamproie de mer.* En fait de mollusques: *le poulpe, la seiche, le calemar;* d'insectes marins: tous les quatre genres de *canori* de Linné.

EXCURSIONS A L'EST

ROUTE DE GÊNES

ou de la Corniche. Les Quatre Chemins. Le mont Gros. Le Mont St-Aubert et le mont Leuze.

Point de départ Place Napoléon ; suivre la rue Victor jusqu'à la bifurcation des deux routes. Prendre celle de droite, puis monter. Température, de midi à 3 heures, au Nord, moyenne: 16 degrés centig. en décemb. 14 en janv., 15 en févr., 16 en mars, 18 en avril. Température variable jusqu'à la Turbie, s'il règne un peu de brouillard.

Pour aller au Mont-Gros, s'arrêter sur la route de Gênes, au chemin qui est au-dessus de la villa de la Tour, il est indiqué par un gros caroubier, suivre le sentier pavé. Un autre chemin y conduit en suivant la route impériale jusqu'à la villa St-Charles et en prenant à droite. Un 3me chemin existe sur la route de la Corniche, suivre le 1er chemin carrossable à droite, en contournant le Mont-Gros.

Pour le Mont-Leuze, suivre ce dernier itinéraire ou celui du Vinaigrier. Carrossable jusqu'au pied de ces montagnes.

Comme les deux routes de Villefranche, celle de la Corniche et celle du col de Tende prennent leur point de départ sur la place Napoléon. La rue Victor qui débouche au milieu de la place, offre une bifurcation à son extrémité. La route de gauche qui suit le bord du Paillon, mène au col de Tende, celle de droite à la Corniche. Après avoir pris cette dernière route et dépassé l'usine à gaz, on commence à monter. La première villa à droite a incrusté dans un mur de soutènement la plaque en marbre, où il est écrit que cette route tracée jusqu'à Vintimille, fut terminée en 1806 par Napoléon 1er. On se rappelle tous les incidents qui survinrent dans ce temps là, à propos de cette route : la mauvaise humeur de Napoléon, la fin tragique de l'ingénieur, l'arrestation de la Princesse Pauline par une bande de brigands, aux portes de Nice (1). Tout cela n'empêcha pas que la route de la Corniche obtint bientôt une réputation justement méritée.

Au bout de 30 minutes de marche, on commence déjà à soulever un voile de ce splendide panorama. Un pilier avec sa madone et la villa Saint-Charles sont de délicieux point de rendez-vous. On monte, on monte ! souvent au milieu des nuages qui vous disputent le passage, si c'est l'hiver ; ou bien au milieu d'une armée profonde de mouches à feu, de lucioles, si c'est pendant l'été, au commencement de la nuit.

(1) En apprenant le tracé de l'ingénieur Sigaud, Napoléon devint furieux, il prétendit que c'était un acte de folie ; qu'il eût été plus facile et plus avantageux de suivre le littoral, enfin que la Princesse Pauline eut évité l'attaque des brigands, si elle n'avait craint de passer par cette route plus dangereuse, sous un autre rapport.

Sur votre gauche, la vallée du Paillon apparaît longtemps à vos pieds, elle se tord comme un serpent au bas des montagnes qui se rétrécissent de plus en plus. Bientôt se dresse sur le même plan, un mur Babylonien de granit, on est aux Quatre Chemins. Deux auberges pittoresquement placées et fort bien achalandés reçoivent les voyageurs à des prix très-modérés. A l'ouest, descend un chemin muletier, l'ancienne route de Gênes, au pied du Mont Leuze. Encore une montée de quelques minutes, un léger détour où l'on a le temps de se rassasier la vue sur la vallée féerique du pays de Monaco, sa ville, son casino qui ressemblent a des petits points blancs fichés sur un grand tapis vert.

Le Mont Gros commence à montrer un bout de ses jolies cornes aux masures Toesca, bâti par le comte Auda, que certains écrivains tiennent à faire passer pour l'un des assassins de Paul Ier. Les flancs du Mont Gros sont couverts de sentiers pavés, il vaut mieux suivre celui qui se dirige vers le Nord. En une heure de marche, on atteint la ferme de M. Bonfils, au col de la montagne. En poussant sur la crête au nord-ouest; on atteint le point culminant (366 m.) Panorama splendide du côté de la mer ; derrière soi, celui des montagnes de neige. Le monticule de Saint-Auber qui semble écraser le Mont Gros, est très-prisé par les botanistes.

Pour aller au Mont Leuze et monter à son cône, la *Pacanaglia* (pas canaille), prendre l'ancienne route de Gênes aux Quatre Chemins et contourner la villa Orengo à 2 kilom. de là, tourner à droite et grimper.

FLORE : (Mont Gros) *Helianthemum glutinosum, Centaurea crupina.*

PAPILLONS : (Quatre Chemins) ANTHOCHARIS *belia, eupheno ;* COLIAS *hyale ;* POLYOMMATUS *phlœas, gordius ;* LYCŒNA *alexis, adonis, corydon, alsus ;* MELITÆA *artemis, didyma ;* VANESSA *cardui, C. album ;* ARGE *psyche ;* SATYRUS *phœdra, fidia, fauna, proserpina, dorus ;* HESPERIA *linea ;* SYRICHTUS *lavateræ, fritillum ;* MACROGLASSA *bombyliformis ;* DEILIPHILA *nicœa, euphorbiœ ;* ZYGŒNA *minos, lavandulœ :* CHELONIA *villica, pudica ;* BOMBIX *franconica ;* LASIOCAMPA *pini ;* TRIPHŒNA *pronuba.*

Alexandre L.

EZE

Laghet et son Couvent.

Même itinéraire que le précédent. On arrive à Laghet par la route de la Corniche, un peu au-dessus de la Turbie, en prenant à gauche le chemin carrossable indiqué par une croix de mission. 18 kilom. de Nice. On peut aussi aller à Laghet par la route de Turin, en partant de la Trinité. Chemin pédestre, 6 kilom.

ÈZE, ce village olympien que l'on a dévoré des yeux de l'autre côté de Nice, tant il semble respirer la poésie, les mystères, les temps des dieux et de la fable ! Eza ou Èze ressemble à un village bâti sur la pointe d'une aiguille. L'Église possédait deux tableaux de David; ils représentaient une *descente de croix* et un *Saint Jean,* mais ils étaient peints, dit-on, à la colle, ce qui fait que le bedeau les détruisit peu à peu en les époussetant avec son balai. Il est probable que ce petit conte a été inventé par un faiseur de guide aux abois. Comment admettre qu'un grand artiste soit assez crétin pour payer une hospitalité reçue pendant une nuit d'orage chez le curé d'Eza, par deux toiles à la colle! Non seulement David serait en cause dans cette affaire de toiles à la colle, mais on reprocherait, en outre, à un anglais d'avoir mutilé un des tableaux en coupant la tête de Saint Jean.

Èze (223 mèt. au-dessus du niveau de la mer) tire son nom étymologique d'Isia, temple d'Isis et des villages bâtis par les Phocéens. Antonin l'appela plust ard *Avisium* ou *Visia* (observatoire maritime). Sous César on y éleva des fortifications. Voir une inscription romaine qui se trouve sur un banc de pierre à la porte de l'église. Vers la fin du XIIme siècle, un troubadour du nom de Blacas devint seigneur d'Èze. Puis Barberousse détruisit le château, on voit encore la *porta doù morou* par laquelle il fit entrer ses noirs. Dans des fouilles faites sur l'emplacement du temple d'Iris, on a trouvé deux plateaux en argent, aujourd'hui possédés par M. Fighiera, avoué à Nice.

Laghet. Avant d'entrer dans le village de la Turbie, on trouve à l'entrée d'une grande route, à gauche, une croix de mission qui sert de poteau pour indiquer la route du couvent. C'est une grande maison carrée pleine de cellules de capucins et flanquée d'une église ornée de nombreux et riches présents, et très-renommée par les prodigieux miracles qu'elle renouvelle de Saint Janvier de Naples, le premier dimanche de la Trinité, jour de pélérinage. Laghet est renfermé dans un cercle de hautes montagnes, dont la plus élevée est celle d'Agel, (1194 mèt.) ; elle forme à sa base un petit lac au bord duquel les Romains durent s'établir, puis les Sarrasins y bâtirent une forteresse, qui devint probablement château du *Lac* au XIme siècle. Passé par testament à l'Abbaye de Saint Victor, près de Marseille, il fut délaissé par ces moines, ils y bâtirent seulement une chapelle au milieu du XVIIme siècle. Une grande dame de Monaco, abandonnée par ses médecins, fut guérie par la madone de cette chapelle. A partir de ce moment, Notre-Dame de Laghet posséda une belle église, des moines et une armée compacte de fidèles aussi abandonnés de leurs médecins.

Loin de moi l'idée de persiffler cette sainte coutume, cependant il faut bien avouer qu'il y a une grande affinité entre les fidèles de Laghet et ceux du Cercle Masséna. On parle beaucoup des élus qui, après avoir joué leurs cierges et leurs offrandes dans cette pieuse maison, s'en reviennent chargés de joie et de santé ; on ne parle point du grand nombre qui s'en vont comme la poule du bon Lafontaine et celles du cercle en question !

TROISIÈME JOURNÉE

LA TURBIE

Les Ruines romaines.

Même itinéraire que le précédent. 474 mètres au-dessus du niveau de la mer. 1100 habit. — Température de midi à 3 heures au Nord moyenne : 15 degrés cent. en novemb., 14 en décemb., 13 en janv., 15 en fév., 17 en mars, 19 en avril. — 18 kilom. de Nice.

La Turbie, ancienne forteresse des *Alpes summœ*, est pleine de ruines romaines arrachées à la Tour d'Auguste. Le village de la Turbie, composé d'habitants très-hospitaliers et très-pacifiques, possède en outre une jolie promenade plantée d'ormeaux, sur laquelle débouche le chemin muletier de la Turbie à Monaco. Quoique fait à ravir pour s'y casser le cou, il est très-pittoresque. Tout le long de ce chemin on entend murmurer une délicieuse petite cascade d'une eau limpide et glacée, qui semble vous indiquer, la perfide ! le chemin de Monaco et celui de son magnifique Casino.

Les ruines de la Tour d'Auguste se trouvent entre le Mont Agel et la Tête de Chien, sur une crête de montagnes désignée dans l'itinéraire d'Antonin sous le nom d'*Alpes summœ*. Elle fut élevée par ordre du Sénat romain, en l'honneur d'Auguste qui avait subjugué les peuples de la Ligurie. Sur sa façade méridionale, on lisait la longue inscription rapportée par Pline et par Joffreddi. On trouve seulement quelques lettres brisées dans le village de la Turbie et à la bibliothèque de Nice.

A l'époque des invasions, elle commença à être endommagée, elle fut ensuite transformée en forteresse contre les Bourguignons et les Sarrasins; ces derniers s'en emparèrent et en firent un *fraxinet*, puis en 1705, le maréchal de Villars fit sauter cette belle ruine et la détruisit entièrement.

La route de la Corniche descend vers Menton avec une rapidité qui donne le vertige. Si vous êtes en voiture vous avez tout le loisir d'admirer la sublime horreur du vide qui existe à vos pieds. Cependant aucun sinistre n'est jamais survenu. Cette route aérienne est large et solidement construite.

FLORE : *Linum narbonense.*
GÉOLOGIE : *Albâtre ou chaux carbonnée semblable à celle d'Èze. Chaux carbonnatée, jaunâtre, avec laquelle les romains ont construit l'ancienne tour de la Turbie. Ocre jaune.*

QUATRIÈME JOURNÉE

ROQUEBRUNE

Même itinéraire que la Turbie. Après avoir descendu la Corniche, à partir de la Turbie, prendre la première route à gauche, un peu avant la bifurcation des routes de Menton et de Monaco. — Moyenne de la température au nord, de midi à 3 heures : 16 degrés centig. en novembre, 15 en décembre, 13 en janvier, 14 en février, 17 en mars, 19 en avril. — Altitude 317 m., popul. 640 hab., 28 kilom. de Nice. Exposition S.-O.

En descendant de la Turbie à Menton, on ne manque pas d'apercevoir de loin Roquebrune, cette épée de Damoclès suspendue sur la baie des Buses, oasis habitée par un des anciens seigneurs de Roquebrune.

Ce village est remarquable par sa position sur des masses énormes de cailloux roulés, agglomérés ensemble par un ciment très-dur, qui se sont détachées des flancs de la montagne du même nom, distante de là d'une centaine de mètres.

On a prétendu que cet évènement arriva lorsque Roquebrune était déjà bâtie sur ces masses de rochers et qu'elle fut entraînée intacte avec elles.

Le mont présente une brèche qui, en plusieurs endroits, est pénétrée et décomposée par les eaux.

Le Cap Martin appartenait à cette commune. Après 1848, elle l'a vendu à une famille russe.

Le Cap Martin et les Buses, situés au pied de Roquebrune, sont très-curieux à visiter. Le Cap est traversé par le tunnel du chemin de fer qui a 15 à 1600 mètres de long. Les Buses possèdent de beaux jardins, entr'autres celui de M. Mouton.

Après cette pointe sur la Corniche, on tourne à droite, à la bifurcation de la route pour gagner Monaco le long de la mer, et l'on repasse encore à quelques cent mètres plus bas, au-dessous de Roquebrune. Après les *Buses*, on monte au milieu des bois de citronniers jusqu'au rocher de *Vine*.

C'est là que plusieurs soldats français, furent massacrés en 1792 par les milices du pays organisées à cette époque et counues tristement dans l'histoire sous le nom de Barbets. Un peu plus loin, on trouve le quartier des *Veilles*, ancienne limite des Liguries et des Gaules, où étaient jadis les *Vigiliés*, postes militaires des Romains. Encore quelques pas et l'on atteint la chapelle de St-Roman, limite de la principauté. De là, cette route escalade une série de charmants ravins, comme on en voit dans les paysages de Salvator Rosa. Le tableau est magique, séduisant, parfait; mais comme encadrement, il lui faudrait des parapets ou des gardes-fous. On devine ce que pourrait coûter un imprudent élan d'admiration au bord de ces ravins.

FLORE : *Leucojum hiemale*. (Roquebrune)

CINQUIÈME JOURNÉE

MONACO

*La vieille ville. Le château. Les jardins aériens.
Vallée des Spélugues. Le Casino.*

Chemin de Fer. Trois stations : Villefranche, Beaulieu, Eze. Aller : 8 h. 35 m.; 12 h. 40 m.; 3 h. 30 m.; 6 h. 55 m. Retour : 9 h. 35 m.; 2 h. 10 m.; 5 h. 20 m.; 11 h. 10. Promenade à pied, vieille route de Villefranche, jusqu'à la bifurcation de la route en haut du col, prendre le chemin de Vinaigrier jusqu'aux Quatre-chemins, puis la grande route à gauche, la Corniche. A la Turbie descendre par le chemin muletier à Monaco. 2 h 3 h. Temp. de midi à 3 h. moyenne. 15 en décembre, 16 en janvier, 19 en février, 22 en mars.

Qui ne connait ce proverbe suranné : voir Naples et puis mourir. C'est tout le contraire à Monaco, chaque étranger a plutôt envie de s'écrier en débarquant : voir Monaco et puis vivre ! Oui, vivre au fond de son cœur et de sa pensée du beau pays de Monaco, c'est vivre deux fois.

Mais avant de vanter ses charmes, parlons de son histoire.

Un hercule grec, aurait fondé, selon les auteurs de l'antiquité, le port qui porte aujourd'hui son nom. (590 avant J.-C.) Ce fut seulement vers le Xme siècle que l'un des Grimaldus, descendant de Grimoald, fils de Pépin d'Héristal, chassa les Sarrasins de Monaco et s'établit dans le pays. Depuis ce temps les Grimaldi jouèrent des rôles importants en France et en Italie. A chaque page de notre histoire, ce nom se trouve écrit en lettres d'or.

Consultez l'histoire de *Monaco et de ses princes* par M. Métivier, afin de vous initier aux mœurs et coutumes de ses habitants.

Depuis 1847, Menton qui était enclavé dans la principauté, s'est séparée de Monaco. En 1861, le prince a cédé à la France ses droits sur le pays de Monaco et de Roquebrune moyennant 4,000,000 de francs, mais en gardant la ville de Monaco ou plutôt sa petite principauté qui est poétiquement bornée par des citronniers et des caroubiers.

Le plateau ou rocher sur lequel est bâti le *vieux Monaco*, car de notre temps tout vieillit plus vite qu'autrefois, a 1000 mètres de longueur ; il est situé au pied et au-dessous de la *Tête de chien*, colosse de granit qui a toutes les formes qu'on veut bien lui prêter en fermant un peu le coin de l'œil. Les jardins aériens qui sont suspendus sur la crête du rocher au nord sont des plus séduisants.

On descend pour ainsi dire du ciel vers la mer, au milieu de bosquets, d'allées, de labyrinthes, tracés en zig-zags dans des touffes de fleurs, de plantes et d'arbustes, toujours verts qui exhalent un parfum enivrant.

Le château des princes de Grimaldi est bâti entre la ville et la montagne sur une sorte d'isthme, il est entouré de tous cotés de vieux remparts, de poternes, de barbacanes etc., qui prêtent plutôt à l'illusion qu'à la défense.

La visite de ce château est permise en hiver, pendant l'absence du prince.

Les fresques de la cour d'honneur sont en voie de restauration.

Les jardins sont aussi renommés pour la riche collection de leurs plantes exotiques.

La *Condamine*, vallée qui s'étend directement au pied du rocher, la sépare du *Casino*, bâti depuis 1862 sur le plateau de la vallée des Spélugues.

Le Casino est entouré d'un bois de citronniers et d'oliviers, au milieu duquel s'élèvent de splendides hôtels, restaurants et cafés. La terrasse qui donne sur la mer est une des promenades les plus agréables. On y jouit d'un vaste coup d'œil sur toute la côte de la Ligurie.

La vallée des Spélugues est pleine de sites charmants, de promenades pittoresques et partout ombragées par les vastes parasols de bois de citronniers et des massifs de palmiers et de dattiers.

Les Moulins ont une réputation justement acquise. L'eau, la verdure, les fleurs, les fruits, les oiseaux, les papillons s'y rencontrent toute l'année, le jour comme la nuit.

En descendant du Casino, il fait quelquefois bon de visiter un délicieux petit vallon, au bas de la montée, près la villa Colombe, c'est celui de Ste-Dévote et sa chapelle. A côté, le pont des Soupirs qui a causé plus d'un mariage à Monaco.

Enfin, avant de reprendre la route de Gênes ou le bateau de Monaco, arrêtez-vous, s'il en est temps, au grand châlet suisse que vous avez aperçu en arrivant; au bel établissement hydrothérapique à l'eau de mer et à l'eau douce sous la direction du Dr Gillebert d'Hercourt.

L'usine à gaz, située à la pointe occidentale du port, fournit amplement à la ville des flots de lumière qui l'éclairent chaque soir comme pour une fête de nuit.

Aujourd'hui la Gare du chemin de fer qui s'arrête au pied de Monaco, a donné lieu à des travaux d'embellissements sur le versant oriental de la vallée des Spélugues. De grands jardins, plantés de massifs de palmiers, de pins, de chênes verts, etc., s'étendent depuis le Café de Paris jusqu'à la Gare.

Çà et là, ils sont ornés de cascades et de bassins qui répandent partout la vie et la fraîcheur.

Une nouvelle salle a été bâtie à l'aile droite du Casino. Elle dépasse en luxe et en confort tout ce qui a été fait jusqu'ici dans ce splendide Eldorado.

L'orchestre du Casino est, sans contredit, l'un des meilleurs de tous les établissements de Bains de l'Europe.

Qu'on ne croie pas que Monaco reste stationnaire au milieu du mouvement qui s'opère autour d'elle. Grâce à l'initiative du Prince, qui la gouverne comme un bon père de famille, il l'a dotée d'une école primaire, d'une garde nationale, d'une musique municipale, d'un magnifique hôpital et d'un journal politique, sans cautionnement !

Le chemin de fer de Nice à Monaco est un travail d'Hercule. Il aboutit au pied du rocher de Monaco après avoir traversé onze tunnels, dont le plus grand, celui de Villefranche, n'a pas moins de 1600 mètres de long ; il a par intervalles des murs de soutènement de 25 à 30 mètres de hauteur, et il est souvent taillé dans des rochers à pic, de 125 à 150 mètres de hauteur.

Si vous aimez l'imprévu, le pittoresque, les émotions etc, allez de Nice à Monaco par le chemin du bord de la mer.

Engagez-vous résolument dans la route impériale

de Nice à Villefranche, qui se déroule si coquettement autour de Montboron.

Vous connaissez les grands chemins et vous savez tout ce que l'on y trouve : du soleil, du vent et de la poussière ; mais celui-ci domine un magnifique paysage ; et les touristes, en contemplant ce large horizon, ne songent plus aux fatigues du voyage.

Je traverse Villefranche à la hâte, et je m'engage sur le chemin de Beaulieu. Ceci n'est plus la grande route, pourtant le chemin est carrossable encore ; du reste, la route de Villefranche sera bientôt continuée jusqu'à Beaulieu, en attendant qu'elle atteigne Monaco.

Il est magnifique, ce chemin de Beaulieu, parfumé, pittoresque, verdoyant, tout bordé de cactus et de lauriers-roses, ombragé par les caroubiers, les oliviers et les pins. Bientôt, on laisse à droite la presqu'île de Saint-Jean et l'on arrive au hameau de Beaulieu. Après Beaulieu, le chemin se resserre et n'est plus qu'un étroit sentier dont les méandres capricieux vont, viennent, s'entrecroisent comme les milles allées d'un labyrinthe. Cependant, pareil au marin qui va les yeux fixés sur l'étoile polaire, je ne perds pas de vue le bloc énorme de la Tête-de-Chien, qui couronne l'horizon au-dessus de Monaco ; je m'oriente facilement

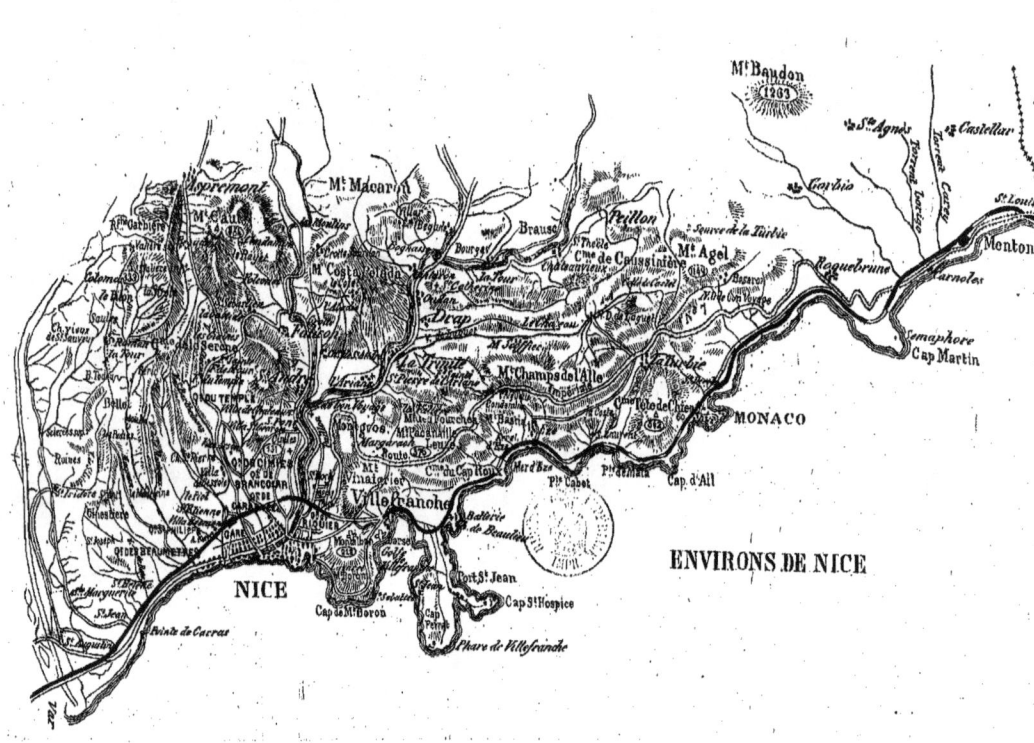

et je m'achemine vers la Principauté sans me perdre dans ce réseau de sentiers gazonnés et fleuris. Mais le voyage devient bientôt plus difficile. Toute trace de pied voyageur a disparu, et je me trouve sur un chantier de la voie ferrée. Je demande mon chemin aux ouvriers ; ceux-ci me montrent le sentier qui recommence à une centaine de mètres plus loin. Pauvre petit sentier ! depuis l'envahissement de cette contrée par la ligne du chemin de fer, il est coupé en mille endroits et ressemble au tronçons d'un serpent mutilé. Cependant ces fréquentes solutions de continuité ne laissent pas que de retarder ma marche.

Déjà le ciel s'empourpre du côté de l'Occident et je prévois que je ne serai pas rendu à Monaco avant la fin du jour. En ce moment, je traverse, sur le flanc de la montagne, une forêt de pins au pied desquels croissent des lavandes, du thym et du serpolet. Tous ces parfums m'enivrent. Comme je m'arrêterais volontiers sur ces gazons embaumés ! Mais la nuit vient, il faut poursuivre ma route. De distance en distance, j'entends les cantiniers qui chantent dans les massifs ; parfois, au fond d'une noire masure, je vois briller la flamme rouge des forges qui donnent aux visages des ouvriers une couleur ardente. Je m'arrête un instant à contempler ces intérieurs qui eussent tenté le pinceau de Rembrandt, et bientôt la nuit m'enveloppe au milieu de ces terrains perdus. Je m'avance lentement, prudemment sur l'étroit sentier au bord des précipices, mais bientôt le chemin s'arrête brusquement et devant moi s'ouvre un abime, au fond duquel j'entends gronder les eaux d'un torrent furieux. Je l'ai revu depuis en plein jour cet abime qui m'épouvantait alors : c'est la plus riante des vallées, c'est le verdoyant ravin de Saint-Laurent, au fond duquel babille un ruisseau qui baigne le pied des citronniers chargés de fruits. Mais alors, par la nuit obscure, il m'était impossible de m'aventurer plus loin et je résolus de demander l'hospitalité dans une ferme que je voyais près de là. Cette ferme était une auberge, jugez de ma joie. Autour de deux longues tables mangeaient, riaient et chantaient un grand nombre d'ouvriers piémontais. L'hôtesse, fort avenante, me dit qu'il lui était impossible de me donner un gite, mais elle offrit de me procurer un guide jusqu'à Monaco. J'acceptai avec empressement.

Mon guide prit une lanterne de mineur et nous nous aventurâmes sur la voie du chemin de fer en construction, nous aidant des pieds et des mains pour monter et descendre le talus ; puis nous

nous engageâmes dans une série interminable de tunnels, marchant un peu, glissant beaucoup sur ce terrain humide, encombré d'éclat de pierre. Mais, à mesure que nous approchions de Monaco, mon guide, qui ne connaissait le pays que dans un rayon fort étroit, s'égara. Heureusement, de l'endroit où nous étions, j'aperçus une langue de terre qui s'avançait dans la mer. Je dirige souvent ma promenade de ce côté et je n'eus pas de peine à reconnaître le Cap d'Aglio. Dès lors, j'ouvris la marche et guidant mon guide, j'arrivai bientôt au pied de Monaco. Je m'arrêtai un instant pour respirer, heureux comme l'exilé qui retrouve la patrie. J'étais brisé de fatigue, et, certes, l'ordonnance du médecin ne fut jamais mieux exécutée que ce jour-là.

Aujourd'hui, je recommence souvent ce voyage, mais dans un bon wagon de première classe.

FLORE : *Sedum Caespitosum D. C. Crassula Magnolii D. C.* (rare, rochers de Monaco, remparts). *Convolvulus Siculus. Echium Calycinum Viv.*
GÉOLOGIE : Terrain calcaire.

SIXIEME JOURNÉE

ROUTE DE TURIN

Route du Col de Tende. L'Ariane. La Trinité.
La station d'été de Nice.

Point de départ : Place Napoléon ; suivre la rue Victor jusqu'à la bifurcation des deux routes. Prendre celle gauche et longer le Paillon. Voiture de Coni, place St-Dominique, Hôtel de l'Univers. Départ 5 heures de soir. Température de midi à 3 heures : 17 degrés contig. au Nord en décembre ; 15, en janvier ; 17, en février ; 19, en mars.

La route de Turin est, comme la route du Var, unie et plane et aussi commode pour les cavaliers que pour les piétons. Tracée sous le règne de Charles-Emmanuel Ier, elle gravit des obstacles prodigieux à partir du village de l'Escarène. C'est la route d'été que les touristes prennent ordinairement pour aller à Turin ou pour passer leur saison d'été aux bains de St-Dalmas, dans la délicieuse vallée de la Roya.

Au confluent du Paillon et du torrent de Laghet, on trouve un pont de pierres et une église.

Le mont Fajan couronné de verdure s'élève à l'est. Les vallons de Laghet d'où descendent le torrent et le vallon de *Fuont-santa*, où sont des restes de la voie Aurélienne, s'ouvrent au Nord-Est, derrière cette colline.

Deux petits chemins y conduisent, l'un par la rive droite du torrent ; l'autre à 50 pas, derrière le clocher.

La voie Aurélienne a laissé quelques ruines sur son passage ; à la Trinité, on voit encore debout quelques colonnes militaires. Après la Trinité, on trouve le village de Drap (8 kilom). Un peu à l'est de Drap, sont les ruines du Château, au bas desquelles passe le chemin de Laghet.

Au pont de bois que M. Paul Gautier, négociant à Nice, a fait jeter, on aperçoit entre ce pont et celui du moulin d'Eze, le barrage des sources souterraines de Paillon. La compagnie des Eaux qui a exécuté ces travaux, a établi solidement sur la roche vive, un mur transversal, à 10 mètres audessus du lit des galets ; un tuyau de fonte, à 7 mètres audessus de ce même lit, reçoit les eaux que la roche a fait refluer et les conduit à Nice. Cette bouche fournit 50 litres par seconde, mais pendant les grandes chaleurs, elle est loin de fonctionner avec la même ardeur.

En suivant, à gauche, la route d'endiguement

qui vient d'être terminée tout récemment, et, prenant le sentier qui s'ouvre vis-à-vis l'église du hameau de l'Ariane, on rejoint la route de St-Pons et de St-André, le long d'un ruisseau, au milieu d'un défilé de moulins et de bouquets de plantes aquatiques, qui rappellent çà et là les sentiers de notre Normandie.

FLORE : *Anemone pavonina, Allium pulchellum, Cytisus capitatus, Coronilla minima, Satureya juliana, Serapias cordigera.*

GÉOLOGIE : *Calcaire Méditerranéen aux carrières de St-Auber. Calcaire, compacte, dolomitique aux carrières de Bon Voyage. Terrain crétacé jusqu'au de là de la Trinité.*

(La Trinité) : *Marbre gris tirant sur le jaune, de grain très fin, très compacte et capable d'un fort beau poli.*

EXCURSIONS A L'OUEST

PREMIERE JOURNÉE

SAINT-BARTHÉLEMY

Son Couvent. Le Vallon Obscur.

Point de départ : du Pont-neuf ; route de St-Barthélemy, la suivre jusqu'au poteau de l'octroi ; à gauche la route jusqu'au torrent, marcher droit devant soi pendant une centaine de pas ; à droite jusqu'au couvent. A hauteur du châlet St-Georges, à gauche le chemin du Vallon Obscur. Température de midi à 3 heures 18 degrés cent. au nord pendant décembre, 16 en janvier, 18 en février, 21 en mars. Omn. pour St-Barthélemy jusqu'à l'octroi, boul. du Pont-Neuf, 25 cent.

Dans cette excursion on peut dépenser sa matinée ou son après-dînée en deux parties : la visite du couvent de St-Barthélemy et celle du vallon obscur. Du couvent au vallon, il n'y a guère que 30 à 40 minutes de marche. Ne pas manquer de visiter près de ce couvent la délicieuse résidence de la famille Arson. Cette villa est une des plus historique et des plus pittoresques de Nice. Elle a été visitée et habitée par des rois, des princes, des diplomates et de grands écrivains. De Talleyrand, aujourd'hui complétement éclipsé par de Bismark, y aurait laissé un bon mot, mais depuis la nouvelle période des fusils à aiguille, il n'est plus de mode.

Edward Bulwer a puisé dans cet endroit une de ses plus belles inspirations : *Les derniers jours de Pompéï*.

Afin d'apprécier les beautés du vallon, il serait bon de faire cette promenade à cheval, à mulet ou encore mieux sur le dos d'un bon maître Aliboron. Jusqu'à la fin de mars, on risque fort, en s'y promenant à pied, d'attraper un gros rhume, sans compter les détours, les petits cailloux pointus qui absorbent plus votre attention que le vallon obscur.

Cette autre merveille du monde, qu'on désigne aussi sous le nom de trou du diable, de la vallée d'enfer, de vallée des étoiles, etc., a été creusée par les eaux dans un terrain tertiaire, à plus de 100 mètres de profondeur. Qu'on se figure un boyau ou une crevasse pareille à celle des montagnes de glace, avec des parois taillées à pic et laissant dans sa profondeur un espace de deux mètres. Sa longueur est d'un kilomètre environ. Les parois sont formées de petits cailloux cimentés avec du sable argileux et dans certaines parties aussi dures que du ciment romain. De larges guirlandes de lichens et de capillaires courent du haut en bas tout le long du torrent. Au milieu, la nature ou la main de l'homme a creusé la base de la paroi orientale à deux mètres du sol, de sorte que vue d'en bas, on croit apercevoir l'entrée d'une énorme caverne. Au-dessus les lianes, les lierres et les ronces forment une sorte de parasol qui ajoute à l'obscurité du vallon. On dirait d'un défilé tracé dans des Montagnes Rocheuses.

Après avoir franchi le défilé aux contours sinueux, on trouve une cascade, près d'une tuilerie bâtie sur le flanc d'une vaste tranchée ou d'un éboulement de sable. Le sommet est couronné à droite par des bois de pins.

Si l'on veut grimper vers le sud au sommet du mont de la Geina, d'où l'on a une vue splendide, on doit marcher derrière la cascade par la rive gauche du ruisseau. Après quoi, on revient par la route nouvelle d'Aspremont.

FLORE : *Hippocrepis ciliata ; Arundo donax ; petite pervenche très commune, fougères, etc.*

GÉOLOGIE : *Conglomérats tertiaires à forte puissance.*

DEUXIÈME JOURNÉE

LE RAY

Fontaine de Mouraille. Fontaine Sainte et Fontaine du Temple, Vallon des Hépathiques ou vallon des fleurs. Grotte des Chauves-souris.

En partant de la place Masséna ou Charles-Albert, suivre les quais jusqu'à Carabacel ou bien prendre l'avenue du Prince Impérial afin de gagner la route de St-Barthélemy et celle du Ray.

Le quartier ou vallon du Ray, proprement dit, ne commence qu'à partir du bureau de l'octroi. Après avoir laissé derrière soi une longue file de ravissantes propriétés disséminées sur toute la route, depuis le commencement du chemin de Saint-Barthélemy, on s'enfonce dans les capricieux zigzags que décrit le vallon du Ray, autour de la colline de Cimiès.

Quand on a atteint la pittoresque église du Ray, puis le moulin, à droite de cette église, on arrive par un sentier à la Fontaine du Temple, qui coule au fond d'une petite vallée, mélange harmonieux d'ombre, de fraîcheur et de solitude. Les eaux sortent de dessous une voute en pierre de taille, qu'on croit être de construction romaine. On prétend qu'elles arrivent de la Vésubie au moyen d'un aqueduc souterrain pratiqué à travers les montagnes. Suivant quelques antiquaires, ce nom donné à cette fontaine serait une corruption du nom de *Tempée*, cette poétique vallée de la Thessalie qu'on retrouve dans tant de sites et tant de livres et qui est devenue le synonyme obligé de grâce et de beauté champêtre. D'autres y cherchent les vestiges du temple où Parcila, mère de Julius fut tuée par les soldats d'Otton Silvius ; mais de toutes ces versions, la plus vraisemblable paraît être celle qui se rattache au souvenir des Templiers qui avaient pris sous l'invocation de Sainte-Marie du Temple, l'église dont on voit aujourd'hui les ruines.

Tout près de là, à 18 minutes de l'église, sur la nouvelle route d'Aspremont, à droite, on trouve :

La gorge de Mouraille où se trouve la fontaine pleine d'une eau limpide, claire et glaciale en été. Les eaux des fontaines du Temple et de Mouraille étaient conduites, sous la domination romaine, à l'ancienne ville de Cimiès, au moyen d'un canal qui passait à la base de Cimiès.

La Fontaine Sainte est située à quelques pas de

là, derrière celle du Temple et de Mouraille, d'où partent deux sentiers fleuris ; celui de gauche mène à la Fontaine Sainte, celui de droite à la villa du marquis de Châteauneuf.

La Fontaine Sainte vomit parfois de magnifiques anguilles, incident qui peut-être a donné aux paysans l'habitude de pêcher le poisson à la main.

Après l'octroi, à la montée du Ray, s'élève la villa Pierlas, avec son jardin asiatique; un peu plus loin, l'établissement horticole des frères Besson.

Si la journée n'est pas trop avancée, poursuivre l'itinéraire suivant :

Gagner sur la grande route du Ray la croix de fer, et de là, prendre à droite la route de Gairaut, afin de visiter :

Le Vallon des Hépathiques ou Vallon des fleurs, 1 heure et quelques minutes.

Il produit de prime abord l'effet d'une vaste et fraîche corbeille de violettes, d'anémones et de jacinthes, en pleine floraison, au commencement de mars.

En reprenant le chemin de Gairaut et le suivant jusqu'à la route d'Aspremont, en laissant derrière soi les villas Malausséna, Châteauneuf et Tiranty, on peut gagner en moins de 20 à 25 minutes :

La Grotte des Chauves-souris. Afin de visiter cette grotte, il faut avoir soin de prendre à la ferme de la Bastide un guide et une échelle, car il faut descendre quatre mètres environ pour arriver sur le premier pallier ; une douzaine de marches taillées dans le roc pour arriver au second, enfin une échelle de cinq mètres sur le sol même de la grotte.

La salle, dont les parois et la voute sont couvertes de stalactites, a 8 pas de long et 5 de large. A la lumière des torches, elle produit un effet féerique.

FLORE (Vallon des fleurs ou des Hépathiques) : *Anémones, Achillea Odorata, etc.*

(Fontaine du Temple) *Myrtus communis, hyacinthus orientalis.*

PAPILLONS : ANTHOCHARIS *eupheno*; RHODOCERA *cleopatra*; COLIAS *edusa, hyale*; LYCŒNA *alexis, adonis, corydon, alsus, arion*; SATYRUS *proserpina, phœdra, fauna, hermione, janira, dorus*; HESPERIA *comma*; SYRICHTUS *lavateræ*, SMERINTHUS *tiliæ*; CALLIMORPHA *hera*; CHELONIA *villica*; ZEUZERA *æsculi*; PLUSIA *chalsytis, gamma.*

Alexandre L.

TROISIÈME JOURNÉE

SAINT-ÉTIENNE

Le vallon de la Mantega. Le Piol. Ste-Catherine.

Point de départ : place Masséna, suivre la rue Masséna jusqu'à la première place, tourner à droite, ou bien suivre la route de France jusqu'à la rue St-Philippe, à droite. Temp. de midi à 3 heures 18 degrés cent. en moyenne au Nord en novembre, 15 en décembre. 16 en janv. 19 en fév. 21 en mars.

Après être entré dans la majestueuse avenue du Prince Impérial et après avoir dépassé la parfumerie Warrick, on trouve à gauche, une autre avenue qui conduit droit à St-Etienne, allée assez étroite, mais bordée d'un épais rideau d'orangers. Au milieu de la rue Ste-Etienne, on admire la nouvelle Chapelle Presbytérienne Ecossaise, bâtie d'après les dessins de M. Brun, architecte. Style gothique à lancettes; XIIIme siècle. En face, l'une des plus jolie villas du quartier, appartenant à M. Desanges. Si l'on veut pousser jusqu'au fond de cette vallée, à hauteur de l'ancienne ferme d'Alph. Karr, visiter la magnifique propriété de M. Bermond, le mausolée du Czawritz, la villa Lallemand, etc. Ces intéressantes visites pourront prendre une bonne partie de la matinée ou de l'après-dînée. Après quoi, reprenez la route de l'église St-Étienne. A quelques pas de cette église, la route se bifurque, celle de droite conduit par des chemins carrossables aux villas Bonnet et Barbet ; celle de gauche au cimetière du hameau orné d'une petite chapelle. En franchissant une ruine de murailles, on tombe dans le vallon de la Mantega que l'on remonte à droite jusqu'au bureau de l'octroi. Un petit décor d'opéra s'élève derrière ce bureau, c'est un gros bouquet de cyprès planté près des arceaux d'un aqueduc de moulin. Ils appartiennent au *Piol*, ancienne propriété des comtes de Vintimille et de Sardaigne. Le château et les allées des jardins sont dans un triste état ; tout y tombe en ruines, jusqu'aux arbres étouffés par les ronces. Dans ce *Piol*, on voit un grand bassin qui renferme 8 à 9000 poissons de toutes couleurs. A côté, se trouve encore debout une ruine de portail, par lequel on peut passer si l'on veut aller à la source du Piol. Alors longez l'aqueduc, puis à droite le long d'un amas de roseaux ; et après quelques minutes de marche, vous y êtes. Dans cette petite oasis où l'on respire la vie, la fraîcheur et la poésie à pleins poumons, on admire une grotte ensevélie sous un dôme de verdure; il s'en échappe un ruisseau qui, à peine sorti de sa source, se met à bégayer, à chanter son premier chant d'amour avec accompagnement de tous les petits oiseaux.

Le chemin de St-Pierre fait face au portail, il conduit en montant en 30 ou 40 minutes à la chapelle St-Pierre, sur la colline, au bas de laquelle coule le Piol. Si l'on tient à revoir la villa Bermond, on peut y aller par le portail qui est au midi. Pour aller à Ste-Catherine, suivre le même chemin de St-Etienne, passer sous le deuxième ponceau du chemin de fer et tourner à gauche.

C'est le chemin de la villa Bermond, de la villa *Zuylen*, de *l'ancienne ferme d'Alphonse Karr*, de la chapelle russe, élevée en l'honneur du Czariwtz mort à la villa Bermond, etc, etc.

FLORE : *Rumex bucephœlophorus; balsamita virgata; campanula medium; gladiolus segetum; orchis bifolia* etc.

PAPILLONS : ANTHOCHARIS *eupheno;* LEUCOPHASIA *sinapis;* POLYOMMATUS *phlœas;* LYCŒNA *arges, alexis-adonis, corydon, alsus, arion;* LIMENITIS *sybilla!* ARGYNNIS *paphia, aglaja, adippe, dia;* CHARAXES *jasius;* ARGE *prosida;* SATYRUS *fauna, hermione, semele, megœra, œgeria, dorus;* HESPERIA *comma;* DEILEPHILA *euphorbiœ;* ACHERONTIA *atropos;* CALLIMORPHA *hera;* NEMEOPHILA *russula.*

Alexandre L.

QUATRIÈME JOURNÉE

ROUTE DE FRANCE

vallon St-Philippe. Les Beaumettes. Vallon de Magnan. Colomas.

Point de départ : place Masséna, jusqu'au pont de Magnan ; et du Pont des Anges, par la promenade des Anglais. Omnibus du Magnan toutes les 1|2 heures, prix 25 cent. Température moyenne, de midi à 3 heures, 15 degrés centig. en décembre, 13 en janvier, 16 en février, 18 en mars.

La route de France renferme une de plus belles pages de l'histoire de Nice ; *La croix de marbre sous la colonne* est là pour l'attester. Voici ce que dit l'histoire : François Ier ayant envahi le comté de Nice en 1538, Charles V marcha au secours de son allié, le duc Charles III. Le Pape Paul III voulant empêcher la guerre, offrit sa médiation, elle fut acceptée ; l'entrevue fut fixée à Nice. François Ier vint demeurer dans une maison aux Beaumettes et Charles V resta à bord de sa galère le *Santiago*, dans le port de Villefranche; quant au Pape, il manifesta le désir de loger au Château, on fut près de satisfaire à ce désir, mais les niçois de garde s'apercevant que les malles du St-Père contenaient des armes au lieu d'ostensoirs, fermèrent incontinent les portes de la forteresse, et jurèrent, avec leur jeune prince Philibert-Emmanuel, de mourir en la défendant contre l'étranger. Il va sans dire que le Pape se garda bien d'insister, attendu qu'une petite trahison avait été concertée entre lui et Carles V, il prit simplement ses quartiers au couvent des Récollets (1).

La croix de marbre, sous le baldaquin en pierres, indique l'endroit où le Pape vint débarquer et réciter l'angélus. La mer venait jusque là. L'autre croix en face, date de 1823 ; elle rappelle les passages du Pape en 1809 et en 1814.

Passé les jardins du comte de Margaria et ceux du docteur Lubanski, on trouve à droite, une grande artère, le chemin de St-Philippe qui va rejoindre la voie ferrée.

Ce qui manquait à Nice parmi les nombreux et confortables hôtels et pensions ouverts aux étran-

---

(1) Paul III avait promis de livrer le Château à Charles V, à la condition qu'il donnerait une de ses bâtardes au jeune Ottavio, son neveu et un apanage à son fils et à sa fille, Louis et Marie Farnèse.

gers, c'était une *pension pour dames* seulement. *La Villa Mathilde*, située dans ce chemin de St-Philippe, vient de combler cette lacune. Cet établissement est heureusement situé en plein midi et dans un des plus beaux quartiers de Nice, au milieu d'un petit bois d'orangers.

Au milieu à gauche, on se dirige vers le vallon St-Philippe qui traverse le chemin de fer et s'engouffre dans un étroit passage entre deux jolies collines. Après avoir atteint la chapelle St-Philippe, on marche sur les cailloux, dans le lit du torrent. Un peu plus loin, on trouve les écuries de la villa Apraxine. Puis le torrent se divise : à l'est, le vallon de St-Philippe ; à l'ouest, celui de la Conque. Il y a dans ces parages des sites pour tous les goûts. Le figuier, l'oranger, l'olivier, le caroubier, le jujubier, etc., forment à chaque pas des oasis ravissantes.

La route par les *Beaumettes*, qui est plus courte, ne manque pas non plus de charmes. Au portail des bastides de M. Audiffret, le chemin se biffurque ; à gauche on atteint la crête du vallon, à droite le plateau de la propriété Falicon.

On trouve à la base méridionale de la colline des Beaumettes un grand nombre de petites grottes formées de roches dolomitiques; de là, ce nom des Beaumettes. (*Bauma*, grotte.)

Au tournant de cette promenade, on peut aller visiter le vallon de Magnan. Si l'on prend le chemin à droite de la salle d'asile, on a l'avantage de pouvoir visiter le joli cimetière de St-Pierre, on y remarque les tombes de la sœur de Mazzini, de Payá du *Siècle*, enterré par les soins de M. le comte Laurenti, qui a assisté cet ardent patriote jusque dans ses derniers moments. Quand on a atteint une petite chapelle à droite de la route N. D. de Bon Conseil, on trouve à gauche le vallon de Vandébren qui conduit au *trou des Étoiles*, c'est la miniature du vallon obscur. L'Eglise de la Magdeleine est bâtie dans ces sites pittoresques. Un Bernardin de Saint-Pierre en ferait ses délices. En haut, à gauche, commencent à paraître les vignobles de Bellet inférieur et de Bellet supérieur, l'un des meilleurs crûs de tout le pays.

Au sortir de ce vallon, on peut revenir au pont de Magnan et pousser jusqu'à la villa Gastaud; au coin, à droite, le chemin conduit au *Fabron*, autre oasis aux horizons splendides; et aux villas Jaume, Douis, Girard, Maison Blanche, Maïstre etc., De la rive gauche du Magnan, on peut passer à sec sur la rive droite afin de visiter la route de Colomas. Carrossable. Des hauteurs de la colline, on aperçoit tout le panorama du vallon de Magnan, l'église de la Magdeleine, puis comme fond de tableau, les montagnes de neige.

De coquettes villas sont perchées sur ces collines. Vers la villa Martiny, se trouve le riche quartier de Ginestière, pleine de genêts ; il rejoint la nouvelle route du Fabron.

FLORE : *Ononis ramosissima; magnifique pineus pinea près l'église de la Magdeleine.*

CINQUIÈME JOURNÉE

FABRON

Le nouveau jardin d'hiver de la Villa Gastaud.
L'allée des Palmiers de la Villa Girard.

Partant du Pont-Neuf, prendre la route de France ou la promenade des Anglais, traverser le pont du Magnan, suivre droit jusqu'au premier octroi, en face la grille de la villa Gastaud, puis tourner à droite. — Omnibus du Var et de St-Laurent, Boulevard du Pont-Neuf, à la descente de la Caserne ; 40 cent. toutes les heures.

Les amateurs du contraste ou du paradoxe ne manqueront de saisir aux cheveux cette promenade que nous leur proposons. Quant aux botanistes, ils doivent la connaître par cœur, aussi ne leur en parlerons-nous que pour mémoire.

Avant de prendre, à droite, le chemin qui se trouve au premier angle de la villa Gastaud, frappez à la grille du maître des céans, toujours prêt à laissea entrer tout admirateur de la belle nature.

D'une petite enjambée vous passez dans la villa Girard, la digne rivale de la villa Gastaud. Il est rare de trouver dans la tendre et belle nature des tableaux plus variés ni plus séduisants. Avis aux poètes et aux amoureux.

Après cette visite de jardins, reprenez la route de Fabron. Là, on entre dans des bois d'oliviers, dans des gorges bordées de pins et de caroubiers; puis les collines se dénudent peu à peu, la route se perd sur les flancs des collines où l'on a encore le loisir de grimper sur les rochers pour admirer le panorama des délicieux petits vallons qui sont situés en avant, au nord.

En appuyant un peu plus à l'ouest, on rencontre la lanterne (Villa Ackerman), autre point de vue, du côté de la vallée du Var.

Il y a une légende sur cette villa. On m'a parlé tout bas d'une dame qui vit mystérieusement seule dans cet endroit, depuis plusieurs années..., avec un chien-loup... et un revolver! Avis à M. Ponson du Terrail.

FLORE (Fabron) : *Barchansia nicæensis.*

SIXIÈME JOURNÉE

LE VAR

Ste-Hélène, Carras, Jardin d'acclimatation, l'Endiguement.

Point de départ : place Masséna, ou du pont des Anges par la Promenade des Anglais, suivre droit jusqu'à l'octroi. La route à droite conduit au plateau de Carras. — Omnibus du Var et de St-Laurent partant toutes les heures en hiver, près de la descente de la Caserne. Pour le Var et St-Laurent 40 cent. — Moyenne de la température de midi à 3 heures : 15 degrés contig. en décemb., 13 en janv., 16 en févr. et 18 en mars.

A l'extrémité de la route de France et de la promenade des Anglais, au pont du Magnan, commence la route du Var bordée, à droite, tout le long du chemin de fer, de charmantes villas.

A la batterie de St-Hélène, un peu avant l'église, la mer se rapproche du chemin, et l'on entre pour ainsi dire, de plain pied, dans la mer. Ce qui séduisit sans doute les corsaires algériens en 1828, car ils s'avisèrent de faire une descente sur cette côte, comme au bon temps du moyen âge. On assure même qu'à la prise d'Alger, on trouva dans le sérail du Dey une favorite, jeune femme de 18 ans, qui avait été enlevée à Carras par ces flibustiers.

Après avoir passé devant la serre aérienne de la villa Gastaud et les palmiers de la villa Girard, on arrive à la pointe de Carras, bureau de l'octroi, où la route se bifurque. Celle de droite conduit à St-Augustin et sur le plateau de Carras ; on y retrouve des bois d'oliviers, semés de coquettes et de mystérieuses villas, telles que les maisons Ackerman, à la lanterne; St-Aubin Giletta, Thomas, Crouzet, etc.; les cimetières anglais et russe, etc., etc. La route du Var, à partir de l'octroi, n'offre rien de bien remarquable jusqu'au jardin du Var, si ce n'est qu'elle est toujours bordée d'une haie de roses de Bengale; vraie guirlande de fleurs, mêlée d'agaves et d'aloès, qui, en certains endroits, la font ressembler à une route tracée dans les plaines du Mexique. Quel souvenir ! Passons vite.

Au ponceau du chemin de fer, autre bifurcation ; la nouvelle route à gauche conduit au pont-Viaduc et à Cagnes. Celle que l'on suit tout droit, au jardin d'acclimatation.

LE JARDIN D'ACCLIMATATION, situé à l'embouchure du Var, dans les terrains conquis sur le fleuve par suite de l'endiguement, a pris un développement considérable, grâce à l'activité des membres de la Société d'Agriculture.

Ces terrains qui n'étaient autrefois qu'un amas de broussailles, de joncs, de fondrières, sont devenus aujourd'hui un magnifique lieu de promenade.

Plus de dix mille arbres, arbustes à feuilles persistantes, y ont été plantés, des cours d'eau circulent de toutes parts, des allées ombreuses assez larges pour la circulation des voitures et les courses de chevaux, ont été tracées, avec des pelouses verdoyantes, des massifs de frênes et de bouleaux et des pièces d'eau égayées par une multitude de poissons et de magnifiques oies.

Les fleurs constellent les plates bandes de leurs couleurs variées : des champs tout entiers de roses, des parterres de violettes. On y respire les roses du Sénat envoyées par le jardinier du Luxembourg. Une immense quantité de plantes exotiques s'y sont acclimatées, parmi lesquelles nous citerons seulement la *bouillie du roi Théodoros*, digne d'être célébrée par le poète Catulle.

On y admire en outre des îlots ombragés de saules-pleureurs, reliés au continent par des ponts en miniature. Non loin de *l'allée du Duel* (en souvenir d'un jeune amoureux qui y fit ses premières armes), se dresse *l'île du Souvenir*, autre réminiscence d'un poète, Alphonse Karr. Quelques vers imitant assez bien son écriture et sa pensée, étaient gravés, il y a peu de temps, sur l'écorce d'un énorme bouleau blanc. J'ignore s'ils s'y trouvent encore. Enfin on a installé une laiterie attenant à une vaste étable, une sorte de Trianon très-rustique, où les élégantes de la colonie étrangère peuvent boire un lait pur, à l'instar de Marie-Antoinette. Puis un peu en avant s'étend une rangée de volières qui contient des volatiles de toute espèce. C'est en partie à M. Bounin, le propriétaire voisin, que l'on doit toutes ces heureuses innovations sur la rive gauche de l'embouchure du Var.

Une société de *sportmen* s'est formée dernièrement à Nice dans le but de créer des courses sur les bords du Var. L'emplacement de l'hippodrome a été choisi, adopté à l'unanimité, sauf les fonds. Cependant on est parvenu à organiser quelques courses dans le jardin d'acclimatation. Des prix ont été même accordés aux vainqueurs; vainqueurs de quoi? je n'en sais rien. De quelque haridelle sans doute, dont les flancs saignaient sous l'éperon du cavalier ou du jockey improvisé. Il serait fort heureux que dans ces sortes de courses, il se trouvât parmi les *sportmen* un membre quelconque de la société protectrice des animaux ou du simple tribunal de police, afin de faire administrer les prix à qui de droit.

En sortant du jardin du Var, il est bon de pousser jusqu'au *vieux pont de bois* qui date de 1792 ; il a 651 mètres de long et 5 mètres de large. Les voitures ne peuvent plus y passer ; il est seulement accessible aux piétons. C'est l'ancienne frontière, dont les bureaux de douane et de passe-ports français existent encore à la tête du pont, à l'entrée de St-Laurent du Var, village de peu d'importance.

Au milieu de ce vieux pont de bois, on jouit d'un coup d'œil splendide au nord. Les montagnes de la vallée du Var ont des formes titanesques. Tantôt leurs flancs se déchirent et laissent apercevoir au loin d'autres crêtes de montagnes, couronnées de neige ; tantôt leur masse noire s'élève dans les cieux comme si elles voulaient encore renouveler les combats de la fable et menacer de leur colère, écraser sous leur poids, ce fougeux torrent qui coule capricieusement à leurs pieds dans une plaine de sable et qui trouble sans cesse leurs échos par sa voix mugissante.

Tout le rideau des montagnes s'étend sur la rive droite ; celle de gauche est couverte de bois de bouleaux et de hêtres ; ils forment un contraste curieux avec les bois d'orangers et de citronniers plantés derrière eux.

Après avoir admiré le panorama des montagnes et entendu murmurer le Var, ce dernier soupir de la France ; il serait commode, si le temps est beau, de pousser à pied tout droit jusqu'au pont du chemin de fer, en suivant la chaussée d'endiguement (8 à 10 minutes de marche.)

Le Pont-Viaduc, bâti en 1864 seulement, est un des plus beaux ouvrages de toute la ligne de Toulon à Nice. Ses cinq piles ont été bâties dans le sable à 9 mètres de profondeur, chaque culée a 50 mètres de distance de l'une à l'autre ; ses travées en fer se trouvent à 10 mètres au-dessus de l'étiage. On a tiré les pierres de taille qui ont servi à sa construction des carrières de calcaire jurassique de Saint-Martin du Var, à 9 kilom. de là.

Dans le cas où l'on aurait laissé sa voiture au jardin du Var, on pourrait la retrouver en cet endroit, après avoir prévenu le cocher.

L'omnibus de St-Laurent du Var passe aussi sur ce pont.

En revenant en voiture, à cheval ou à pied par la route que nous avons prise, il serait à propos de tourner à gauche à la bifurcation des routes et de suivre le chemin de St-Martin du Var le long de la rive gauche. Non seulement on pourrait visiter les travaux d'endiguement que l'on continue, en remontant le Var, mais on admirerait encore les grands bois de chênes, de bouleaux et de hêtres qui rappellent aux hommes du nord quelques beaux sites de leur pays.

Il va sans dire que l'on peut tout d'une haleine

continuer sa promenade sur la chaussée d'endiguement, à partir du pont du chemin de fer, jusqu'à la pointe de l'embouchure du Var. Sur toute cette ligne on aura une idée des travaux d'endiguement. Près de trois cents hectares de terrains ont été gagnés et l'on compte à la fin de l'entreprise qu'on arrivera jusqu'à cinq ou six cents hectares. L'endiguement commence à *baü Roux* (roche rouge) point où les affluents du fleuve cessent de couler dans les gorges pour s'étendre dans une plaine. Le *baü Roux*, bien différent de celui de Beaulieu, se trouve à 22 kilomètres de la mer; quinze à seize kilomètres ont été endigués mais les travaux suspendus trop fréquemment retardent l'accomplissement définitif des vastes projets de l'administration des Eaux et Forêts. On peut se féliciter toutefois d'avoir obtenu un assez joli résultat puisque pendant l'été, au milieu des plus fortes chaleurs, on peut submerger toute la plaine du Var.

A propos de l'étymologie de Carras, voici ce que dit M. Abel, intrépide chercheur de cartulaires; il y mêle un peu de choux et de carottes, mais ses remarques n'en sont pas moins intéressantes.

A Nice, on emploie le mot de quartier dans le sens vague de division de la banlieue; toute la campagne qui s'étend aux environs de la ville se découpe en une grande quantité de quartiers dont les limites sont très-mal déterminées et les noms peu compréhensibles, défigurés qu'ils sont par l'usage.

Déjà en 1822, Richelmi se plaignait que « cette « belle campagne fut divisée en divers quartiers « qui n'ont encore reçu de circonscription et de « nom que de cette habitude du peuple qui laisse « toujours quelque chose à désirer ; présentant « quelques incertitudes dans la désignation pré- « cise de la surface de ces différents quartiers « ainsi que dans leurs diverses dénominations ».

Cet auteur, quoique natif de Nice, se garde bien de rechercher l'origine de ces quartiers de la banlieue niçoise. Sa discrétion a été imitée par tous les auteurs qui ont écrit sur ce pays. La difficulté du travail qui les a tous arrêtés, a été pour moi un aiguillon et j'ai été surpris en compulsant les cartulaires des Alpes-Maritimes de rencontrer le point de départ de quelques-unes de ces appellations que tout le monde répète sans en comprendre le sens primitif. Ainsi parmi les membres de la colonie, il n'est personne qui ne connaisse le *quartier de Carras* parce qu'il n'est aucun étranger qui ne soit allé au travers du chemin creux et ombragé de St-Augustin, rendre visite aux belles asperges, aux bonnes prunes, aux succulentes fraises, aux excellents melons, aux artichauts roses et jaunes de la villa Saint-Aubin, le plus bel ornement du *quartier de Carras*. Une plume mieux autorisée que la mienne a déjà fait remarquer les progrès que M. Saint-Aubin a imprimés à la culture maraichère du pays de Nice. Cet horticulteur non moins passionné qu'expérimenté en est à appliquer à la coloration et à la végétation de ses primeurs les principes photogéniques découverts, il y a quelques jours, par MM. Bunsen, Kirchoff et M. Saint-Aubin, a trouvé l'artichaut rouge. A bientôt la rose bleue ! mais en attendant, si l'on connait les légumes et les fruits de *Carras*, où n'en connait pas l'histoire.

Le 7 juin 1177, Hildefonse roi d'Aragon, marquis de la Provence, réunit les citoyens de Nice dans la plaine avoisinant le Var et il accepta d'eux le don de vingt-cinq mille sous. Il les exempta du droit d'*Albergo* moyennant un impôt annuel de deux mille sous. Il fut décidé que lorsque les comtes de Provence ordonneraient une levée d'armes, si l'expédition avait lieu en dehors du comté depuis le Var jusqu'à la Ciagne, les niçois devraient fournir 100 soldats à la *cavalcade* et seulement 50 si l'on marchait au-delà de la Ciagne jusqu'au Rhône.

En 1229 Raymond Bérenger, comte de Provence, décida qu'au lieu de la somme à payer en bloc pour l'*Albergo*, chaque habitant de Nice devait acquitter à la Saint-André un impôt de 12 sous par chaque ménage.

Ce prince fut obligé de rappeler aux grands vassaux du bailliage de Fréjus, leur prestation féodale des cavalcades, et le 7 octobre 1235 étant au château de Draguignan il fit dresser un acte stipulant le nombre d'hommes de pied et de cheval que devait fournir chaque manoir. Les hommes d'armes devaient se nourir à leurs frais pendant les quarante premiers jours de la chevauchée et faire des marches de six lieues par jour ; dans chaque seigneurie on recrutait un homme de pied par six ménages. Tel était le régime qu'ont connu la plupart des bourgs et villages du département des Alpes-Maritimes.

Le lieu de rendez-vous des seigneurs du pays fut transféré des murs de Draguignan en un lieu de la rive droite du Var qui s'en est appelé *Carrocium castrum*, Carros.

Ainsi les anciennes institutions municipales de Nice ont laissé des vestiges inaperçus dans les noms des quartiers de *Carras* et de *Caucade*, tandis que les noms primitifs ont passé aux *carrosses* et aux *cavalcades* de carnaval.

FLORE : Une belle serre existe au Jardin du Var. *Carex commun; cyperus junci formis, orchis medicago marina, littoris, schirpus maritimus, triqueter; alopecurus* paniceus, monspeliensis etc. Phleum Gerardi, schœnoides; agrostis pungens; gratiocola officinalis; tamaris gallica, germanica; alisma plantago, ranunculaides; Oriza sativa.

(Carras) Silene quinquevulnera, aster acris.

ZOOLOGIE : Bécasses, Poules d'eau, rales d'eaux, bécassines, barges communs en hiver Près de la mer : canards sauvages, sarcelles, macreuses, cormorans etc. Quelques hérons et parfois des cygnes.

L'Outarde vient à de rares intervalles par bandes dans la plaine du Var. Il y a quelque temps on a pris beaucoup de femelles et peu de mâles. Les plus gros avaient un mètre et demi d'envergure et pesaient deux kilogrammes; depuis vingt-cinq ans, il n'en était pas venu dans le pays.

La *loutre* est assez commune le long du Var.

PAPILLONS : PAPILIO machaon; ANTHOCHARIS eupheno; LEUCOPHASIA sinapis; RHODOCERA cleopatra; Tous les polyommatus communs; ARGE procida; SATYRUS hermione; janira, dorus; HESPERIA comma; ZYGÆNA médicagini.

Alexandre L.

LÉGENDES DES VILLAS.

VILLA LAURENTI-ROUBAUDI.

Située en plein midi, sur un plateau pittoresque, au milieu de l'ancienne route de Villefranche, cette délicieuse bonbonnière complétement restaurée depuis peu de temps, est une des plus confortables villas, aux environs de Nice. Elle donne au nord sur la route et au midi sur un vaste jardin, une charmante oasis plantée d'orangers, de citronniers, de palmiers, de cèdres, de pins et de toute sorte de plantes exotiques. En face, au Nord, vers la vallée de Cimiès, le panorama est magique, on jouit de ce côté d'une vue splendide qui embrasse le couvent de St-Pons, celui de Cimiès et se perd sur les cîmes des montagnes de neige qui se dressent à l'horizon. Au midi, c'est un vaste coup d'œil à vol d'oiseau de toute la ville et du port de Nice.

Les richesses artistiques que renferme la villa

sont nombreuses. Dans des plafonds peints à la fresque, se trouvent des toiles de grands maîtres, entr'autres des originaux de Carlo Maratta, Raphaël Mengs, etc. La bibliothèque contient aussi d'autres chefs-d'œuvre de sculpture et de peinture, dont on pourrait faire tout un catalogue. Le portique au Nord et la terrasse, avec leurs pilastres et leurs balustres en marbre, leurs statues et leurs bustes, dont plusieurs *antiques*, donnent à cette villa un aspect princier.

Depuis un temps immémorial, la villa Laurenti avait la réputation d'être hantée par des esprits. A première vue, il faut convenir que cet endroit prête beaucoup à l'illusion et à la légende.

De tous les contes populaires que j'ai entendu narrer, je n'ai trouvé de plus intéressant que celui-ci.

En 1818 ou 1819, le comte de Laurenti obligé de s'absenter de Nice pendant la saison d'hiver, loua sa villa à une riche anglaise, une jeune veuve sans enfants qui se disposait à célébrer pour la deuxième fois les fêtes de l'Hyménée. Deux domestiques, un paysan ou fermier du comte veillaient aux soins et à l'entretien de la maison. Un jour, c'était le 24 décembre, veille de la Noël, lady V... alla dîner en ville. Pendant ce temps les gens de sa maison invitèrent le fermier à un festin dont ils firent tous les frais. Le brave fermier s'en donna à cœur joie, aussi se trouva-t-il bientôt plus alourdi que ses hôtes par la fumée des vins. Il parvint cependant à se tenir sur ses deux jambes et à gagner la porte sans qu'on s'aperçût de sa disparition.

Quelques instant après, la fermière vint chercher son mari. Point de mari.

De retour à la villa, lady V... se mit au lit, mais tourmentée par la disparition du fermier, elle ne put s'endormir.

Tandis que son esprit folâtrait dans le champ des conjectures, au milieu du silence de la nuit, un bruit étrange frappa ses oreilles. C'était un grondement sourd, cadencé qui semblait s'approcher de ses appartements. Ses jolies mains pouvaient à peine contenir les battements de son petit cœur. Tout-à-coup une note profonde fit vibrer les échos de son alcôve, elle écouta. Plus de doute, on ronflait sous son lit. Jeter sur ses épaules tout ce qui se trouvait sous sa main, regarder sous le lit, s'assurer qu'il abritait deux énormes tibias recouverts de guêtres de cuir, fut l'affaire d'une minute. Pour comble de malheur, son bougeoir s'échappa de ses mains, il tomba sur les tibias du brigand de ronfleur. Sur ce coup elle devint folle de frayeur, elle se précipita dans les escaliers en poussant des cris d'épouvante. Un sourd gémissement y répondit, puis elle vit passer près d'elle une ombre, un fantôme tout de blanc habillé.

Les gens de la maison, la fermière et tous les voisins accoururent. Grande fut leur surprise quand après avoir fouillé la chambre de lady V... on ne trouva rien que son bougeoir et sa bougie complétement aplatis sur le parquet.

Cette surprise se changea bientôt en effroi, car la fermière en rentrant chez elle, trouva son mari mollement étendu au fond de la couche conjugale.

Il manquait un bouquet à cette légende, le voici :

Le comte de T... faisait une cour assidue à cette jeune veuve ; on le soupçonna naturellement d'avoir voulu enlever son idole,

« Dans le simple appareil
« D'une beauté qu'on arrache au sommeil. »

Provoqué en duel par lord V..., le frère de milady, il reçut un bon coup d'épée. Ce coup fit une telle impression sur le cœur de la belle veuve, qu'elle l'épousa peu de jours après.

VILLA AVIGDOR

En pleine promenade des Anglais, au milieu des bosquets d'orangers, de myrtes, de palmiers, de chênes-verts etc. Elle servit de résidence à la princesse Borghèse, Pauline Bonaparte. On raconte à ce sujet une petite légende qui ne manque pas d'intérêt. A son retour d'Italie, la princesse fut arrêtée par une bande de brigands, non loin de l'Escarène (endroit favori des voleurs de grand chemin). Ses voitures furent fouillées et ses diamants enlevés par deux ou trois hommes masqués. Peu de jours après, son arrivée à Nice, la princesse fut invitée à un grand bal, en l'honneur de la naissance du roi de Rome. Qu'on se figure l'embarras d'une jeune princesse, coquette comme toutes les jolies femmes et privée de diamants, au milieu d'une ville épuisée par la guerre et possédant à peine deux ou trois bijoutiers confinés dans le Ghetto.

Cependant la princesse eut l'ingénieuse idée de remplacer ses bijoux par des fleurs naturelles, cueillies dans le jardin de la villa. Cette bonne inspiration lui réussit, car, ce soir là, elle fut la reine du bal, on la trouva ravissante, adorable. Un jeune major de hussards jura qu'il se ferait tuer pour elle, s'il ne parvenait pas à obtenir ses bonnes grâces. La princesse touchée par cet aveu, lui demanda, comme preuve de dévouement, d'aller attraper ses voleurs de diamants. Le major accepta de grand cœur. Il se mit en campagne. Quelques jours après, il revint tout glorieux à Nice avec un des bandits attaché à la queue de son cheval. Quant aux diamants, il ne restait plus qu'un cœur en rubis, monté sur une fleur d'or. On devine facilement ce qu'il devint.

La villa Avigdor fut aussi habitée tour-à-tour par le comte de Villafranca, le grand duc d'Oldembourg, le prince de Schaunbourg, l'impératrice douairière de Russie, etc.

VILLA COLOMBO

A Cimiès, près des arènes, M. Colombo père, banquier et propriétaire du palais Lascaris, rue droite, reçut souvent dans sa villa en 1830, Hussein Bey, le Dey d'Alger. Nous devons à M. Colombo des renseignements très-curieux sur Hussein Bey, qui fut un de ses commensaux, après l'affaire du malencontreux coup d'éventail. Le Dey, qu'on a représenté comme un tigre altéré de sang, n'était en réalité qu'un mouton couvert de la peau d'une hyène. Dans son état normal, c'était l'homme de la meilleure pâte du monde, mais dès qu'il se livrait aux douceurs de l'opium, il tombait pendant des jours entiers dans une sorte d'atonie et d'anéantissement qui lui enlevait l'usage complet de toutes ses facultés intellectuelles. Alors malheur à ceux qui n'étaient plus en faveur auprès de ses courtisans. Les supplices, les tortures, la prison, les exactions commençaient leur œuvre.

A son réveil, le Dey retrouvait à ses pieds tous ses courtisans plus souples et plus dévoués que jamais. Il était rare qu'à force de bassesses ils ne fissent pas oublier les crimes qu'ils avaient commis pendant le sommeil du maître, quoique le rusé Hussein Bey se laissât tromper par eux, tant étaient grandes leurs adulations et leurs protestations de dévouement. Si bien qu'un jour ils lui firent croire que le consul de France avait jeté ses regards ou son mouchoir à la fenêtre de la favorite du Sérail. Hussein Bey était très crédule et très jaloux. On sait le reste.

A Nice, la Hautesse passait son temps à remplir ses devoir religieux et à recevoir quelques vieux marabouts, les seuls courtisans du malheur qui l'avaient suivi en exil.

La langue italienne lui était familière, il la parlait presqu'aussi correctement que l'émir. Un jour, un gros personnage qui l'avait invité à dîner, s'avisa de lui demander en plaisantant combien il avait pu couper de têtes dans sa vie.

— Va demander à ton serviteur combien ton boucher a tué de bêtes pour te nourir, dit-il

PAGINATION DECALEE

d'un ton philosophique. Eh bien, Alger sous la puissance des deys, n'était qu'une vaste boucherie qui faisait vivre la cour; sans cela, la terreur, notre prestige parmi le peuple, était détruit et la révolte nous jetait en bas.

Que dites-vous de cette jolie petite morale, à l'usage de certains potentats ?

VILLA BARBERIS

Placée sur le versant oriental de la route de Nice à Gênes, elle domine toute la contrée. Ancienne villa du comte Auda de tragique mémoire.

Lorsque la Révolution française dont l'aurore avait été si brillante, prit un caractère menaçant pour les intérêts qui lui faisaient obstacle, bien des gentilshommes effrayés de la tempête qui allait soulever le monde, quittèrent la France pour aller chercher un peu de sécurité à l'étranger. Le comté de Nice et la Savoie qui touchaient à nos frontières, fournirent aussi leurs exilés volontaires. La plupart des émigrés niçois passèrent en Russie. Parmi eux se trouvait le comte Auda, ancien médecin à Nice, qui entra au service du czar Paul Ier. Tout le monde connaît la fin tragique de ce prince. Le comte Auda paraît avoir trempé dans la conspiration qui avait tramé la mort du czar. Quoiqu'il en soit, il quitta la Russie après l'attentat et vint se réfugier dans le comté de Nice. Il alla demeurer, dit-on, dans une petite maison située aux Quatre-Chemins, sur la route de Gênes.

Un jour, le comte Auda reçoit par les Messageries une lourde malle portant le visa de plusieurs villes allemandes et il trouve, coupé en morceaux, le cadavre d'un des complices de l'assassinat du czar Paul. Vit-il là un avertissement ou une menace ? Je l'ignore ; mais il quitta sa maison des Quatre-Chemins et alla s'installer dans une petite habitation située à la pointe de la presqu'île où l'on voit actuellement le phare de Villefranche. Mais le drame n'était pas fini ; la Providence s'était chargée de son dénoûment. Un jour, par un orage violent, la foudre tomba sur le comte et le tua. J'ai entendu raconter vingt fois cette dernière partie de la légende à des anciens du pays qui en avaient conservé un souvenir personnel. Cela se passait en 1808 ou 1810.

VILLA GARIN

Près des arènes de Cimiès. La villa Garin aujourd'hui Pension Anglaise, sent aussi la légende une lieue à la ronde. Qu'on se figure un vaste et majestueux bâtiment entouré de cyprès, d'oliviers, de palmiers au milieu des ruines romaines dont nous avons déjà parlé. Devant la façade, une grande pelouse semi-circulaire avec des tronçons de chapiteaux, de statues en marbre placés au milieu d'un épais rideau de cyprès ; à gauche, les arènes ; à droite, le temple de Diane et le palais des préfets ; pour horizon, l'église et le couvent de Cimiès.

On raconte que sous la Restauration une bande de faux monnayeurs s'était cachée dans les souterrains du château. Peut-être le vulgaire attribuait-il l'effet surprenant que produit l'écho du jardin à des bruits de marteaux et de soufflets de forge toujours en mouvement pendant la nuit.

Il n'est pas moins vrai qu'une délation fut faite à la maréchaussée et que celle-ci opéra une descente.

Elle ne surprit pas toute la bande. Mais d'après ce principe que la garde requise par les citoyens ne doit jamais rentrer les mains vides, elle s'empara... devinez de qui ?

D'un rétameur !

Ce pauvre diable avait trouvé dans ces souterrains un atelier fort commode. Il eut beau exhiber ses outils, ses titres de rétameur, on le garda quelque temps en prison, il y mourut de chagrin, et l'on poussa encore la suspicion jusqu'à l'accuser d'emporter son secret dans la tombe.

VILLA GASTAUD

Située à Sainte-Hélène, route de France. Le grand plateau du jardin, récemment orné par un jardinier allemand, M. Kuenzner, produit au premier coup d'œil un effet magique. Au milieu de ce jardin se trouve un kiosque oriental autour duquel s'enlacent les énormes tiges de plantes exotiques ; à l'est, s'étendent de grandes serres, elles contiennent des milliers de plantes de toute forme et de toute couleur, puis au centre, un vaste bassin destiné à la fameuse plante *Victoria regina*.

Il faudrait un livre entier pour dépeindre toutes les beautés que renferme ce nouveau jardin d'Armide. Cependant je dois citer la promenade à l'ouest, avec son châlet suisse contenant une belle collection de camélias. Dans la villa, à l'extrémité de la serre, le jardin d'hiver avec une délicieuse cascade en rocailles et stalactites. Enfin la petite église, à l'angle du pavillon ; la tour aux colombes, ombragée par des cèdres gigantesques, etc., etc., complètent l'illusion et vous offrent à chaque pas des tableaux merveilleux.

VILLA REDRON

Lorqu'on est en débauche de promenade (extra muros), on ne manque pas de toucher à la villa Redron, derrière la place d'armes, afin de visiter la belle collection de fleurs qu'elle renferme et surtout la galerie de tableaux. On y remarque plusieurs originaux de grands maîtres tels que Decamp, Delaroche, Pujol, etc. Le jardinier, M. Nègre, est un cicérone très-courtois et très-affable, c'est dire que le maître des céans pratique envers les amateurs et les artistes une hospitalité toute orientale.

VILLA MARGARIA

Derrière la promenade des Anglais, sur la route de France. Jardin d'hiver artistement tenu. Des buissons des palmiers et de camélias sont plantés avec prodigalité autour de ce bijou de villa.

VILLA MOUTTE

A Carras, c'est à dire près de la station du Var. Grand châlet suisse entouré d'un parc de roses très-prisées par les amateurs ; magnifique collection de roses jaunes.

VILLA GIRARD

A quelques pas de la villa Gastaud se trouve una utre jardin qui fait aussi les délices des amateurs d'horticulture et des touristes.

On peut se promener selon ses goûts ou ses caprices dans une oasis du Sahara ou dans une pinède de la Suisse. L'allée des palmiers et des dattiers contient plus de trente individus en fait de camérops. Elle est littéralement bloquée par un parc aux roses, que l'on peut traverser si l'on veut gagner le bois de pins situé sur le plateau.

VILLA VIGIER.

Dans le golfe Lympia, au Lazaret, ravissante copie du palais Fornari à Venise ; elle est entourée d'un immense jardin ou bois d'orangers, de citronniers, d'oliviers et d'un grand nombre de plantes exotiques. Derrière la villa on remarque d'énormes bananiers qui poussent en pleine terre. En résumé, cette villa est plutôt un palais des arts, en l'honneur d'une grande artiste que la France regrette, Mme la Baronne Vigier (née Sophie Cruvelli). M. le Baron Vigier a fait de son palais un temple des fleurs ; dans quelques années il deviendra l'un des plus curieux et l'un des plus riches de tous ceux de Nice.

Au fond du jardin, du côté de la route, au bord de la mer, s'élève une maisonnette ornée de pins et de cyprès. Elle fut habitée pendant quelque temps par le capitaine Joseph Garibaldi, de la marine marchande italienne. Elle a été religieusement conservée, tandisque celle où il est né, au port, quai de Lunel, n° 1, a subi plusieurs changements. C'était en 1855 qu'il faisait des chargements de guano, pour le compte d'un armateur de Jersey. On assure que le brave capitaine fit dans cette île la rencontre de Victor Hugo et que notre grand poète résolut de s'embarquer sur son bâtiment pour venir se fixer à Nice, dans la villa du Golfe Lympia, mais les craintes d'annexion l'empêchèrent d'accomplir ce long voyage.

HISTORIQUE DES RUES DE NICE

ET ABOUTISSANTS

Abbaye (entre la rue du marché et rue Sainte-Réparate) anciens bâtiments ruraux, ayant appartenu aux moines de Saint-Pons.

Alberti (entre le boulevard d'Enceinte et le quai Saint-Jean-Baptiste) Les d'Alberti ont produit beaucoup d'auteurs en jurisprudence et religion.

Andréoli (entre Promenade des Anglais et rue de France) Ce nom a été porté par un auteur de Nice.

Arc (entre la rue de la Préfecture et rue du Statut)

Ateliers (entre le quartier de la Buffa et rue de France) habité par des carrossiers, forgerons, menuisiers, etc.

Badat (entre le quartier de Riquier et rue Victor) historien de Nice. Siège de Barberousse. Il y eut aussi un autre Badat (Annibal) gouverneur de Villefranche qui fut chargé par Charles-Emmanuel de faire pendre le comte de Beuil, accusé de trahison.

Barberis (dans la rue Victor) peintre de Nice.

Barillerie (entre rue du Sénat et la place de la Préfecture) où se trouvait la corporation des fabricants de barils.

Baumettes (entre Promenade des Anglais et rue de France) parce que ce quartier est plein de petites grottes (*bauma*) à la base méridionale de la colline.

Bavastro (entre rue Villefranche et rue Fodéré) Corsaire intrépide du premier empire.

Beaumont (dans la rue Victor) d'Albanis Baumont, ancien ingénieur à Nice.

Bonaparte (entre rue Villefranche et rue Ségurane) à cause du séjour de Bonaparte tout près de là au n° 1 de la rue de Villefranche.

Boucherie (entre rue du Pont-Vieux et rue du Marché) où était autrefois l'abattoir.

Boyer (entre rue Papon et rue de Villefranche) deux familles qui ont produit l'une un troubadour au XIIIme siècle, l'autre un mathématicien distingué au XVIme.

Bréa (entre Boulevard du Midi et rue Saint-François-de-Paule) Deux peintres renommés, François et Ludovic de l'école Génoise, XVme siècle.

Carabacel (entre quai Saint-Jean-Baptiste et boulevard

Carret (entre place Sainte-Claire et rue Saint-François)

Caserne [descente de la] (entre boulevard du Pont-Neuf et place Saint-Dominique) grande caserne d'infanterie dans l'ancien couvent de ce nom.

Cassini (entre place Cassini et place Napoléon (voir biographie page 67.)

Centrale (entre place Vieille et boulevard du Pont-Vieux) rue projetée qui devait couper la vieille ville en deux.

Caissotti (dans la rue Victor) ancien magistrat, puis ministre [Nice XVIIIme siècle.)

Charles-Albert (entre place de ce nom et rue Saint-François-de-Paule.)

Château (dans la rue droite) principale artère des anciennes fortifications.

Chœur (entre rue de l'Hôpital de la Croix et ruelle Saint-Augustin) du voisinage de l'ancien oratoire des pénitents blancs, les GONFALONS.

Cité du Parc (entre la rue des Ponchettes et le boulevard du midi) à cause du parc d'artillerie qu'y établit Charles d'Anjou.

Collége (entre place d'Armes et ruelle du Collége)

Chauvain (entre quai Saint-Jean-Baptiste et boulevard d'Enceinte) du nom du maître d'hôtel de ce nom.

Collet (entre rue du Pont-Vieux et rue Saint-François) à cause de son plan incliné, COLLETUM petite colline.

Colonna d'Istria (entre rue de la Préfecture et place aux herbes) de l'évêque de ce nom, mort à Nice en 1835.

Condamine (entre rue du Château et rue Saint-Joseph) de CONDAMINA, c'est-à-dire les terrains situés dans la partie basse d'une ville.

Cours (entre place Saint-Dominique et le Cours)

Croix (entre rue Sainte-Croix et ruelle du Jésus) de la chapelle de la Croix, située dans la rue.

Croix de marbre (entre rue de France et le Jardin Public) quoique assez éloignée de la Croix de marbre.

Delille (entre rue Joffredi et rue Place d'Armes) du nom d'un poète niçois.

Deux-Emmanuel (entre rue de Villefranche et place Cassini) parceque Charles-Emmanuel Ier et Charles-Emmanuel II avaient établi le port franc à Nice.

Droite (entre la rue de la Préfecture et rue St-François) d'un paradoxe, car cette rue est courbe.

Emmanuel-Philibert (entre place Bellevue et rue de Villefranche) à cause du dévouement de ce monarque pour les niçois.

Empeirat (dans la rue Place d'Armes). Cette rue était jadis empierrée, EMPEIRAT, par les inondations du Paillon.

Fodéré (de la rue Lunel à la rue des Deux-Emmanuel) du nom de ce célèbre professeur de médecine et auteur d'excellents ouvrages sur le pays (1822) VOYAGES AUX ALPES-MARITIMES.

Four (entre rue Saint-Hospice et rue Pairolière) à cause d'un grand four !

Four obscur (de la rue Place aux herbes à rue de la Boucherie) autrefois historique.

France (du Pont de Magnan à rue Masséna) parce qu'elle conduit directement au Var, l'ancienne frontière.

Gioffredo (entre rue Saint-Barthélemy et place Masséna) en mémoire du théologien et de l'historien de ce nom. Gioffredo sauva Nice d'une destruction presque certaine, lorsqu'elle fut attaquée par le maréchal Catinat 1691. Mort en 1692.

Grimaldi (de l'hôtel du Louvre à rue de France.) Les Grimaldi de Nice descendent de ceux de Gênes.

Gubernatis (du quai Saint-Jean-Baptiste à la rue Gioffredo) de plusieurs écrivains et jurisconsultes de ce nom.

Hôpital (de la rue Saint-François-de-Paule à la rue du Pont-Neuf.) Un hôpital se trouvait jadis dans l'ancien couvent qui a servi de caserne, aujourd'hui la Mairie.

Jésus (de la place du Jésus à la rue Sainte-Réparate. L'église actuelle qui porte ce nom servait autrefois d'oratoire aux jésuites.

Lascaris (de la place Cassini à la rue Fodéré] des Lascaris de Tende qui produisit Béatrice de Tende.

Lavoir (de la Promenade des Anglais à la rue de France d'un ancien lavoir aujourd'hui transformé en maison Dalmas.

Léotardi (dans la rue Victor) du nom de plusieurs poètes de Nice du XVIme et XVIIme siècle.

Littoral (de la promenade des anglais à la rue de France) peut-être parcequ'elle conduit au littoral ? pourquoi pas chemin de Rome ?

Longchamp (des prés de Longchamp à la place Saint-Étienne.) Encore un paradoxe : le Longchamp est le désert de Nice. Le CAMPUS LONGUS qui désignait de vastes prairies situées en cet endroit aurait dû lui laisser son véritable nom, *Camp long*.

Loge (de la rue Saint-Joseph à la rue Centrale) de LOGIA petite halle. Chaque rue avait autrefois sa LOGIA.
Lunel (de la place Cassini à la rue de Villefranche) du nom de l'ancien commandant du port qui fit construire les quais en 1830.
Malonat (du pied du Château à la rue de la Préfecture) cul-de-sac, pavé autrefois en briques dites MALOUNA.
Maraldi (rue Victor Est) en mémoire de Maraldi, astronome et antimologiste distingué.
Marché (de la place Saint-Dominique à la rue de la Boucherie) on aurait dû ajouter AUX VOLAILLES, c'est leur vrai marché.
Mascoïnat (de la rue du Pont-vieux à la rue Centrale) du nom d'une petite COUR DES MIRACLES qui existait dans ce quartier. Corruption du latin MALE COQUINATUM.
Masséna (de la place de ce nom à la rue de France)
Moulin (de la rue Saint-Vincent à la rue du marché); au XIIme siècle la ville y possédait un moulin.
Mûrier (de la rue Ségurane au quai Lunel) du gros mûrier qui se trouve au milieu de la rue. Barberousse y aurait planté sa tente pendant le siège de Nice par Catinat.
Neuve (de la rue du Château au boulevard du Pont-Vieux) NEUVE sous le moyen-âge, exactement comme le Pont-Neuf à Paris.
Pacho (de la place Cassini à la rue Fodéré) en mémoire de l'intrépide voyageur de ce nom, sources du Nil. Relations de son séjour dans la Cyrénaïque (1794-1829.
Paillon (du Paillon à la rue Victor.
Pairolière (de l'extrémité du boulevard du Pont-Vieux à la place Saint-François) habitée au moyen-âge par des PAÏROULIÉS, chaudronniers.
Papacin (de la rue Ségurane à la place Cassini) du général d'artillerie de ce nom, (1714-1786) auteur de plusieurs ouvrages sur l'artillerie.

Papon (dans la rue Victor) du nom de l'auteur célèbre de l'Histoire de Provence (1734-1803.)

Paradis (du Jardin Public à la rue Masséna) du nom d'un Jardin, le Paradis, possédé par des Carmes.

Passeroni (du quai Lunel à la rue Ségurane) poète et auteur d'un cicérone en vers de 101 chants.

Pellegrini (rue Victor à l'est) nom d'un négociant qui obtint de grands privilèges pour le Port de Nice au XVIIme siècle.

Penchienati (de la rue Gioffredo à la rue Place d'Armes) chirurgien, auteur de plusieurs ouvrages médicaux. 1728-1803.

Pertus (de la rue des Voûtes à la ruelle Rey) du mot pertuis, (trou.) Une ouverture murée se trouvait au milieu de la rue, elle communiquait au Château.

Place aux herbes (au milieu de la rue de la Boucherie)

Place d'Armes (du collège à l'extrémité du quai à l'est.)

Place Vieille (de la rue droite à la rue Sainte-Réparate) fameuse par son marchand de tasses de chocolat.

Poissonnerie (de la place de ce nom à la rue de la Préfecture) habitée jadis par un grand nombre de poissardes. Sur la place sont situés les bureaux du Procureur Impérial.

Ponchettes (de la pointe du rocher de Rauba-capeu à la rue Cité du Parc.)

Pontin (de la rue Colonne d'Istria à la rue du Marché) un ponceau (pountin) traversait anciennement la rue.

Pont-Neuf (de la place de la Préfecture à la place Charles-Albert.)

Pont-Vieux (de la place aux Herbes à la porte Saint-Antoine.)

Préfecture (de la rue du Malonat à la place Saint-Dominique.)

Prisons (au milieu de la rue du Sénat à droite.)

Providence (de la place Sainte-Claire à la rue Saint-Augustin) parcequ'il s'y trouve un refuge ou hospice, les Cessolines, fondé en 1819 par l'abbé de Cessoles.

Rauba-capeu (vole chapeau) (au bout des Ponchettes, à l'angle du rocher) à cause du vent qui soulève facilement les chapeaux et les jupes.

Rey (de la rue Saint-Joseph à la rue Sainte-Claire.)

Rusca (de la rue Lunel à la rue des Deux-Emmanuel) général français sous le premier empire (1759-1804.)

Saint-Augustin (de la rue Pairolière à la rue Sincaire) Les moines de Saint-Augustin ayant eu leur couvent emporté par le Paillon en 1405, l'évêque de Nice leur donna l'église Saint-Martin, près de laquelle ils bâtirent un couvent, aujourd'hui caserne d'infanterie. C'est dans cette église que Luther a célébré la messe. Cette église a conservé un vieux missel sur la dernière page duquel on lit : « 1510, DIE VIGESIMA JUNII REVER. DOM. MARTINUS LUTHERIUS IN HANC ECCLESIAM HODIE MISSAM CELEBRAVIT.»

Saint-Barthélemy du chemin de ce nom à la rue Place d'Armes.)

Sainte-Claire (de la place Ste-Claire à la rue du Collet) Il y a au bout de cette rue un couvent occupé par les dames de la Visitation.

Sainte-Clotilde (de la place Charles-Albert à la rue Saint-François-de-Paule) en l'honneur d'une grande dame de ce nom?

Saint-Étienne (au chemin de) (au bout de la rue Masséna, à droite.)

Saint-François (de la rue Droite à la place St-François) ancien couvent des frères mineurs de Saint-François où se trouvait dernièrement la mairie.

Saint-François-de-Paule (de la place des Phocéens au Cours) L'église au milieu de la rue, en face le théâtre

Italien, a été bâtie par les moines de Saint-François en 1736.

Saint-Gaétan (de la rue de la Préfecture au Cours) Il existait une chapelle des Théatins, ordre fondé par Saint Gaétan.

Saint-Hospice (de la rue de la Providence à la rue Saint-François) en souvenir de Saint Hospice.

Saint-Joseph (de la place Sainte-Croix à la montée du Château.) Les capucins de Saint-Barthélemy y avaient bâti une église.

Saint-Jean-Baptiste (de la rue Gioffredo au quai de ce nom) de la chapelle Saint-Jean-Baptiste dans le Lycée.

Sainte-Réparate (de la rue de la Préfecture à la place aux Herbes) la Cathédrale de Nice, l'Évêché sont situés dans cette rue.

Sainte-Rosalie (de la rue du Statut à la rue du Collet) de la procession qui se fit avec les reliques de la sainte pendant la peste de 1635. La cessation du fléau commença dans cette rue.

Saint-Suaire (de la place de la Poissonnerie à la maison Botteri) Un suaire du Christ rapporté des croisades et déposé par Charles II de Savoie au Château de Nice fut descendu et promené dans cette rue le vendredi saint afin de faire cesser le fléau de la guerre.

Temple (de la place Grimaldi jusqu'à la rue du Temple Vaudois.)

Saint-Vincent (de la rue de la Préfecture à la place aux Herbes) en l'honneur d'une partie du corps de Saint Vincent envoyé de Jérusalem à Nice par Lascaris.

Ségurane (de la rue Emmanuel-Philibert à la place Napoléon.)

Sénat (de la place de la Poissonnerie à la rue de la Préfecture.) Le palais où se réunissait le SÉNAT de Nice, est aujourd'hui transformé en Tribunal civil et criminel.

Serruriers (de la rue Saint-Joseph à la ruelle Rey) occupé au moyen-âge par la corporation des compagnons de Saint Éloi.

Sincaire (de la rue Saint-Augustin à la rue Ségurane) Cette rue avait jadis une tour à cinq angles (CINQ CAYRES.)

Smolet (Est rue Victor.) Sans doute en mémoire des fameuses lettres de cet écrivain anglais contre la ville de Nice (1720-1771.)

Statut (de la rue de l'arc à la rue de la loge) ancien GHETTO de Nice qui changea son nom contre celui-ci en 1848, à cause du Statut de Charles-Albert déclarant les Juifs citoyens.

Sulzer (du boulevard du midi à la rue Saint-François-de-Paule) en l'honneur de l'écrivain allemand de ce nom qui a écrit sur Nice en 1720.

Supérieure (de la rue des Voûtes à la rue du Château) la plus élevée de Nice.

Vanloo (du boulevard du Midi à la rue Saint-François-de-Paule.) (Voir biographie.)

Victor (de la place Napoléon à la route de Turin) en l'honneur du roi Victor Amédée qui la fit ouvrir.

Villefranche (de la place Napoléon à la vieille route.)

Voûtes (de la rue du Pertus à la place aux Herbes.) à cause des maisons voûtées qui la couvraient.

Il est d'autres noms, soit dans l'administration, soit dans l'armée, qui trouveront un jour leur place comme récompense des services rendus ou de l'illustration apportée à leur ville natale. Pour le moment, les noms de Risso et de Verany me semblent primer tous les autres.

Dans un autre ordre d'idées, il est des illustrations qu'il ne faut pas oublier, précisément parce qu'elles s'oublient elles-mêmes. J'entends parler de ces hommes bienfaisants dont le cœur est toujours ouvert aux misères humaines. Au commencement de ce siècle, le diocèse de Nice a été administré par un de ces pasteurs évangéliques dont Manzoni a peint un si beau type dans son admirable roman *Les Fiancés* (*I mariti sposi*). Monseig. Colonna d'Istria, si l'on croit la tradition toujours vivante dans le cœur du peuple niçois, ressemble de tout point à ce pieux archevêque de Milan, Charles Borromée qui s'illustra par sa charité durant la peste du XVIme siècle.

Cultes

ÉGLISES CATHOLIQUES : *Sainte-Réparate* (cathédrale), rue Sainte-Réparate; *Saint-François-de-Paule*, rue Saint-François-de-Paule; *Église du Jésus*, rue du Jésus; *Saint-Pierre*, rue de France; *Église du Vœu*, place du Vœu.

British Church. — ÉGLISE ANGLICANE, rue de France, près de la Croix-de-Marbre. Service le dimanche, à 11 heures du matin et à 3 heures du soir.

Chapel of East (Bristish). — CHAPELLE SUCCURSALE ANGLICANE, rue St-Barthélemy, après le n. 18. Service le dimanche, à 11 h. et à 3 h.

Scotch Presbyterian Church. — ÉGLISE PRESBYTÉRIENNE ÉCOSSAISE, rue Masséna, 5. Service, le dimanche, à 11 h. et à 3 h.; le jeudi, à 11 h., depuis octobre jusqu'à mai.

ÉGLISE ÉVANGÉLIQUE, temple rue Gioffredo. Service, le dimanche, à 11 h. du matin et à 7 h. du soir; le mercredi à 7 h. du soir.

ÉGLISE RUSSE, rue Longchamp, desservie par M. Basile Prilejaeff, aumônier. Service le dimanche et fêtes à 11 heures du matin; vêpres, la veille, à 7 1/2 du soir. On peut visiter l'Église tous les jours, de 2 heures, à 5 h.

ÉGLISE ALLEMANDE, rue de la Buffa, 1. Service, le dimanche, à 11 h. du matin et à 3 h. du soir ; le mercredi à 11 h. du matin.

SYNAGOGUE (*Culte Israélite*), rue du Statut, 13, rue de Pont neuf, 10. M. Gédéon Netter, rabbin ; M. Emmanuele Viterbo, ministre officiant. Service le vendredi soir, de 4 à 5 heures, suivant les mois d'hiver ; le samedi matin, à 8 heures, et le soir, à 3 heures ; la semaine, le soir, de 4 heures à 5 h., suivant les mois ; le matin, à 7 heures.

Consuls

Des Puissances étrangères à Nice.

ANGLETERRE — M. Lacroix, Adolphe, rue St-François-de-Paule, 2.
AUTRICHE — M. S.-N. Avigdor, consul, pl. Napoléon, 10.
BAVIÈRE — M. Arturo Avigdor, rue Gioffredo, 6.
BELGIQUE — M. P. de Ricordy, rue Masséna, 13.
BRÉSIL — M. Barla, vice-consul, place Napaléon, 6.
CHILI — M. Lagarrigue, consul rue Gioffredo, 10.
CONFÉD. ARGENTINE. — M. Lagarrigue, rue Gioffredo 10.
DANEMARCK — M. Amédée Raynaud, boulev. du Midi, 3.
ESPAGNE — M. Casimir de Bério, vice-consul, rue Masséna, 31.
ETATS-ROMAINS — M. Martin-Saytour, place aux Herbes, 2.
ETATS-UNIS — M. Asa-Aldis, consul, rue Alberti, m. Audiberti.
    Id.   M. Ch. Luigi, vice consul, rue Gioffredo.
GRÈCE — M. Bovis, vice consul, rue Mascoïnat, 9.
HAÏTI (République) — M. E. Muscat, r. de la Caserne, 2.

HAMBOURG — M. Amédée Raynaud, boulevard du Midi, 3.
HONDURAS (République de) — M. Gassier, H., rue place-d'Armes.
ITALIE — M. V. de Saint-Agabio, consul-général, rue Gioffredo, 10.
ITALIE — M. Goyzueta, vice-consul, rue St-François-de Paule, 1.
MEXIQUE — M. P. Cardon, vice-consul, rue de la Préfecture, 8.
MONACO (Principauté) — M. le baron Maulandi, rue Victor, 50.
NICARAGUA — M. Risso, J.-B., à Saint-Roch.
PAYS-BAS — M. Florés, Alfred, boulevard du Midi, 3.
PORTUGAL — M. Bounin, Paul, rue Ségurane, 20.
PRUSSE — M. Florés, A., chargé du Consulat, boulevard du Midi, 3.
RUSSIE — M. le colonel Patton, consul, villa Patton, chemin de Saint-Philippe.
Id. M. Millon de Veraillon, v.-consul, sur le cours, 1
SAINT-MARIN (Républ. de) — M. le chevalier Albert Avigdor, promenade des Anglais, 51.
Id. (Républ. de) — Le chevalier Albert. L. Avigdor, villa Avigdor.
SAXE — M. H. Noll, place Saint-Etienne, 18.
SUÈDE ET NORWÈGE — M. Carlone, A., promenade des Anglais.
SUISSE — M. le docteur Zürcher, consul, rue Masséna, 20.
TUNIS — M. Tiranty, A., vice-consul, rue Massena, 12.
TURQUIE — M. le marquis de Constantin, vice-consul, rue Grimaldi.
URUGUAY (républ. de) — M. Barla, place Napoléon, 0.
WURTEMBERG — M. Avigdor (Septime), place Napoléon, 10.

Télégraphe

Les bureaux du Télégraphe sont situés au bout du Cours, rue St-Suaire, ils sont ouverts jour et nuit.

Tarif des prix pour une Dépêche de 20 mots, adresse et signature comprises, de Nice aux stations suivantes : Angleterre (Londres excepté), 6 fr. — Londres (seulement), 4 fr. — Belgique, 3 fr. — Norwège, 9 fr — Italie, 4 fr. — Bavière, 3 fr. — Suisse, 3 fr. — Hollande, 4 fr. — Prusse, 4 fr. — Espagne, 4 fr. — Moldo-Valachie, 7 fr. — Portugal, 5 fr. — Bade, 3 fr. — Corfou (Ile). 9 fr. — Servie, 7 fr. — St-Pétersbourg, 10 fr. 50 c. — Turquie, 10 fr. — Danemark. 7 fr. — Grèce 10 fr. — Rome, 5 fr. — Suède, 8 fr 50 c. — Vienne. 6 fr. — Tripoli, Tunisie, Afrique, 8 fr.

Pour la France, le prix pour une Dépêche de 20 mots d'un bureau à une autre situé dans le même département, 1 franc.

Pour une Dépêche pour toute la France, 2 francs.

Les prix ci-dessus sont augmentés de moitié pour chaque 10 mots, ou fraction de 10 mots, au-dessus des susdits 20 mots. — La distribution des dépêches est gratuite.

Poste aux Lettres

Le bureau est ouvert de 8 h. du matin à 6 h. du soir. Dimanches et fêtes, de 6 h. à midi et de 4 h. à 6 h. du soir.

Port des lettres pour toute la France

	Affranchies.	Non affranchies.
Jusqu'à 10 grammes inclusivement	20 c.	30 c.
De 10 grammes à 20 grammes	40 c.	60 c.
De 20 grammes à 100 grammes	80 c.	1 f. 00 c.

Au-dessus de 100 gram. 80 c. pour chaque 100 gram. ou fraction de 100 grammes.

On peut mettre les lettres dans les boîtes établies dans diverses parties de la ville avant midi et avant 6 heures du soir.

Les lettres chargées, c'est-à-dire des enveloppes ou

lettres contenant des billets de Banque ou des traites, sont cotées 20 centimes en sus du port usuel mentionné dans le tarif ci-dessus.

Principaux affranchissements à l'étranger

	Lettres		Imprimés.	
	cent.	gr.	c.	gr.
Autriche	60	10	10	40
Bavière	40	10	10	40
Bade	80	7 1/2	10	40
Belgique	40	10		
Brésil, Confédération Argentine, Uraguay, Paraguay, Canaries, Cap Vert, Chine	80	7 1/2		
Colonies françaises, Guadeloupe, Martinique	50	10	10	40
Colonies anglaises, par voie de Suez	80	7 1/2	12	40
Danemarck	50	10	10	40
Egypte	40	10	8	40
États d'Allemagne et Prusse	50	10	10	40
États Romains	50	10	20	25
États-Unis	80	7 1/2	12	40
Grande-Bretagne	40	7 1/2	8	40
Grèce	60	10	8	40
Espagne	40	7 1/2	8	40
Italie	40	10	8	40
Suisse	80	7 1/2		
Maroc	60	7 1/2	8	40
Mexique	80	7 1/2	12	40
Moldavie et Valachie	100	10	15	15
Monténégro	60	10	10	45
Norwège	70	10	10	40
Pays-Bas	40	10	8	25
Pays d'outre mer, voie anglaise	80	7 1/2		
Id. voie de Panama	1, 20	7 1/2		
Russie et Pologne	80	10	10	40
Suède	80	10		
Tunis	60	7 1/2	8	10
Turquie	50	10	8	40
Wurtemberg	50	7 1/2	7	15

Tribunaux

DE 1ʳᵉ INSTANCE : — Rue du Sénat, près du Cours; audience civile les lundi, mardi, mercredi, jeudi, et samedi à 11 h.; correctionnelle, le vendredi, à la même heure; juges inamovibles.

DES ASSISES : — Même local : session dans la première semaine de janvier, d'avril, de juillet et d'octobre; le jury composé de 12 citoyens prononce, un conseiller de la Cour d'Appel et 2 juges assesseurs appliquent la loi.

DE COMMERCE : — Boulevard du Pont-vieux nº 16, au 2ᵉ; audience les mardi et vendredi, à 3 h.; juges choisis entre eux par les négociantes et confirmés par l'Empereur. Justices de Paix Boulev. du Pont-Neuf, 16.

Tarif des Bateliers

HORS DU PORT. — Le prix des promenades hors du port et des courses en mer sera débattu à l'avance entre les amateurs et le batelier.

DANS LE PORT. — D'un petit môle à l'autre . 0 5
Sur tout autre point 0 10
Du quai au vapeur, pour un marin, un soldat ou un sous-officier avec son sac 0 10
Du quai au vapeur, pour un voyageur sans bagage 0 30
Chaque colis autre que canne, parapluie ou couverture 0 10

Les prix ci-dessus taxés comprennent l'aller et le retour. Il est accordé, en outre, aux voyageurs 1 heure d'arrêt à Nice, 2 heures à Monaco et 1/2 heure aux autres localités indiquées. Les enfants jusqu'à douze ans paieront demi place. Quand les voyageurs s'arrêtent plus que le temps accordé, ils doivent donner 75 cent. par demi heure, en sus de la taxe.

Avec quatre avirons (2, 3 ou 4 matelots)

De Villefranche à	de 1 à 3 personnes.	de 4 à 6 personnes.	Au-dessus de 6 personnes, en plus et par tête
Nice avant Caras	4 «	6 «	« 60
Nice avant Paillon	3 «	5 «	« 50
La Darse ou Lazaret	0 60	1 5	« 20
Grassueigl	1 50	2 «	« 25
Passable	1 60	2 10	« 30
Phare	3 «	5 «	« 50
St-Hospice ou St-Jean	5 «	8 «	« 80
Beaulieu et la mer d'Èze	6 «	10 «	1 «
Monaco	8 «	12 «	1 50
Bord des navires ancrés	« 50	« 75	« 15
Promenades par heure	1 50	2 50	« 50

Avec deux avirons (1 ou 2 matelots)

De Villefranche à

Nombre des personnes.	la Darse ou Lazaret.	Grassueigl.	Passable.	bord des navires.	promenades par heure.
1	« 20	« 50	« 60	« 20	« 60
2	« 30	« 80	« 90	« 30	« 80
3	« 40	1 «	1 10	« 40	1 «
4	« 50	1 20	1 30	« 58	1 10
5	« 60	1 40	1 50	« 60	1 20
6	« 70	1 60	1 70	« 70	1 30
7	« 80	1 80	1 90	« 80	1 40
8	« 90	2 «	2 10	« 90	1 50
9	« 95	2 10	2 30	« 95	1 60
10	1 «	2 30	2 50	1 «	1 70

STATIONS DES VOITURES

Place Masséna — Place Charles-Albert — Boulevard du Pont-Neuf — Boulevard du Pont-Vieux — Place Napoléon.

TARIF DANS NICE.

Quatre places, deux chevaux.

La course, le jour, 1 fr.; la nuit, 1 fr. 50 c. L'heure, le jour, 2 fr. 60 c. la nuit, 3 fr. 10 c. Pour les demi-heures suivantes, le jour, 1 fr. 10 c.; la nuit, 1 fr. 35 c.

Quatre places, un cheval.

La course, le jour, 75 c.; la nuit, 1 fr. 25 c. L'heure le jour, 2 fr. 10 c.; la nuit, 2 fr. 60 c. Pour les demi-heures suivantes, le jour, 80 c.; la nuit, 1 fr. 30 c.

Deux places, un cheval.

La course, le jour, 60 c. la nuit, 1 fr. L'heure, le jour 1 fr. 60 c.; la nuit, 2 fr. Pour les demi-heures suivantes, le jour, 60 c.; la nuit 1 fr. 10 c.

Sont réglées suivant le tarif à l'heure les courses à Villefranche (par la nouvelle et ancienne route) au Var, à la grotte Saint-André et à la Trinité.

Le service de nuit commence le soir, à l'heure où l'on allume les lanternes de l'éclairage de la ville, et finit à 6 heures du matin.

Le cocher est tenu de recevoir 4 personnes et 2 enfants au-dessous de l'âge de 10 ans, sans augmentation de prix.

Moyennant 50 c., les cochers transporteront les paquets et bagages des voyageurs, toutes les fois que le poids ne dépassera 30 kil.

DE LA GARE DE NICE EN VILLE.

Quatre places, deux chevaux.

Le jour, deux voyageurs sans bagage, 1 fr. 75 c.; la nuit 2 fr. 25 c. Chaque voyageur en plus, 25 c., le jour comme la nuit.

Nota. — Il sera payé en plus 25 c. pour chaque colis enregistré par le chemin de fer et 25 c. par chaque changement d'hôtel, quand les voyageurs ne trouvent pas de place à l'hôtel où ils se font conduire.

Quatre places, un cheval.

Le jour, deux voyageurs sans bagage, 1 fr. 50 c., la nuit, 2 fr. Chaque voyageur en plus, 25 c.; le jour comme la nuit. Pour les colis, voir le *nota* ci-dessus.

Deux places, un cheval.

Le jour, un voyageur sans bagage, 1 fr.; la nuit, 1 fr. 50 c. Le second voyageur, la nuit comme le jour, 25 c. Pour les colis, voir le *nota* ci-dessus.

Malle Poste entre Nice et Turin

Bureaux: hôtel de l'Univers, place Saint-Dominique. Départ de Nice, 5 heures du soir. — Prix des places de Nice à Coni: coupé, 25 fr; rotonde 22 fr. Trajet en 23 heures. Arrivée à Coni, 3 h., arrivée à Turin, par le chemin de fer, vers 8 h. du soir.

Courrier de Puget-Théniers

Bureaux: boulevard du Pont-Vieux, 23. Départ de Nice, 10 h. du matin; arrivée à Puget-Théniers, 8 h. du matin. Départ de Puget-Théniers, 11 h. du soir; arrivée à Nice, 9 h. du matin.

Courrier

DE NICE A ROQUEBILLÈRE BERTHEMONT

passant par Saint-Pons (octroi de Nice), Saint-André, Tourrette, Levens, Duranus, Saint-Jean de La Rivière, Lantosque, Gordolon, La Bollène, Roquebillère.

A NICE, hôtel de la Cloche, boulevard du Pont-Vieux, 14. — Deux départs de Nice: 1er départ, à 5 h. 1/2 du matin; 2e départ, à 9 h. du soir.

A ROQUEBILLÈRE, chez M. Plenti. — Deux départs de Roquebillère: 1er départ, à 5 h. du matin; 2e départ, à 7 h. du soir. — Trajet en 7 heures.

Autre diligence pour les mêmes lieux et suivant le même parcours:

A NICE, rue de Lille, chez Raybaud. — Deux départs de Nice: 1er départ, à 6 h. du matin; 2e départ à 7 h. 1/2 du soir.

A ROQUEBILLÈRE, sur la place de la Marie. — Deux départs: 1er départ, à 5 h. du matin; 2e départ à 7 h. 1/2 du soir. — Trajet en 7 heures.

De ROQUEBILLÈRE A BERTHEMONT-LES-BAINS, trajet à pied ou à mulet, en trois quart d'heure.

Le prix de chaque place varie de 2 fr. 50 c. à 4 fr.

Bateaux à Vapeur

Cie FRAISSINET, PÈRE ET FILS, *de Marseille.*

Bureau sur le Cours, 10.

Pour Gênes et Savone, le mardi, à 7 heures du soir.
Pour Gênes, Livourne, Civita-Vecchia et Naples, le samedi, à 7 heures du soir.
Pour Marseille, le mardi, à 6 heures du soir.
Pour la Corse, le mercredi, à 7 heures du soir.

Société de Navigation Postale Italienne.
PEIRANO, DANOVARO ET COMPAGNIE. DE GÊNES.
SERVICE RÉGULIER — DÉPARTS :
De Nice pour Gênes, Spezia, Livourne, Naples et vice-versa.
   Mardi, de chaque semaine à 9 heures du matin.
   Jeudi,   «   «
   Samedi,   «   «
Bureau sur le Cours, à côté des escaliers de la Terrasse.
DÉPARTS DE GÊNES POUR NICE
   Lundi, Mercredi, Vendredi de chaque semaine, à 8 h. du soir.

Chemin de Fer

DE NICE A MARSEILLE.	DE MARSEILLE A NICE.
1re 2e et 3e cl. 6 h. 50, mat.	1re 2e et 3e cl. 6 h. 50 mat.
Id. 10 50 »	Id. 7 50 «
Id. 1 28 soir	Id. 8 37 «
Express, 3 18 »	Express, midi 35 «
6 h. 28, dernier train de Nice, ne s'arrête qu'à Cannes.	

DE NICE A MONACO,	DE MONACO A NICE.
1re 2e et 3e cl. 8 h. 35 mat.	1re 2e et 3e cl. 9 h. 55 mat.
Id. 12 40 «	Express, 2 10 soir
Id. 3 30 soir	1re 2e et 3e cl. 5 20 «
Express, 6 55 «	Id. 11 10 «
Le train express de 6 h. 55 prend des voyageurs de 2e et 3e cl.	Le train express de 2 h. 10 prend des voyageurs de 2e et 3e cl. n'allant pas au-delà de Nice.

Agence de Roulage.

Giordan, quai Lunel, 14, au port.

DE LA VILLE.

Les commissionaires de la ville recevront, du port à la rive droite du Paillon et *vice versa*, et dans toute autre diagonale :

    pour un colis n'excédant pas 50 kilog. 70 c.
    pour un sac de nuit, 35 c.
    pour un carton de chapeau, 25 c.
    pour chaque colis excédant 50 kilogr., on ajoutera par kilogramme, 15 c.

Lorsque, à défaut de place dans le premier hôtel abordé, on ira dans un autre, on ajoutera par chaque hôtel suivi :

    Pour chaque colis, 10 c.
    Pour chaque sac ou carton, 5 c.
    (Rien pour la présentation à la douane).

DU PORT.

Les gens qui au port transportent les bagages des quais embarcations recevront :

    Pour un colis au-dessous de 50 kil., 15 c.
    Pour un colis au-dessus de 50 kil. 25 c.
    Pour un sac de nuit, 5 c.
    Pour un carton à chapeau, 5 c.

DE LA GARE.

Le transport des bagages de la gare à la demeure du voyageur, et *vice versa*, dans les limites de la ville coûtera :

    Pour un colis n'excédant pas kil., 25 c.
    Pour un sac de nuit, 35 c.
    Pour un carton de chapeau, 25 c.

Lorsque le voyageur ne trouve pas de place dans un

hôtel, il donnera en plus pour se rendre dans un autre, 10 centimes par colis, 5 centimes par carton.

Professeurs

Les libraires Visconti, Giraud, Jougla, Delbecchi, Bouillat et Bruyat ont l'adresse des meilleurs maîtres langues.

Leçons irrégulières	5 fr.	le cachet,
Leçons quotidiennes	5	le cachet,
Leçons simultanées	4	par personne.

Curiosités, objets d'art et Collections particulières

D'antiquités de Cimiés, Méric, place Masséna, 4.

D'histoire naturelle, Risso, à Saint-Roch.

De fossiles, Geny, à Saint-Roch.

De roses naturelles, villa Redron, route de Saint-Pons place d'armes.

De plantes et de champignons, Barla, pl. Napoléon, 6.

D'insectes, Bruyat, rue des Ponchettes, 15.

De coquilles, Couteunier, route de Gênes, villa de la Tour.

De plantes, Montolivo, Maison à Colonnes.

D'œuillets naturels, Stuard, au Lazaret.

Ethnographique, Ginoux, à Caras.

D'antiquités de Cimiès, Guilloteau, rue Sain-Gaëtan.

D'histoire naturelle, Degrau, rue de France, 60.

De tableaux villa Redron.

    Id.   Musée Penndù, aux Ponchettes, 5.

Établissement de M. L. C. Bronzini, aux Ponchettes, n° 5. La plus belle exposition de sculpture en marbre, qu'on puisse voir à Nice, ainsi qu'une charmante collection d'ouvrages en bois de toute espèce.

Musée Carnesecchi, rue du Pont-Neuf. Magnifique collection de mosaïques de Rome et de Florence, bijouterie Byzantine, laves et coraux. Ouvert tous les jours, le dimanche excepté, de 10 heures du matin à 4 heures du soir. Entrée libre.

Chapelle Saint-Sépulcre, place Napoléon : un tableau de Vanloo.

Maison habitée par Napoléon Ier en 1794, rue de Villefranche, n° 1.

Église du Vœu, quai St-Jean-Baptiste : un tableau de M. Hauser.

Au Lycée : le plus beau *Melaleuca* de l'Europe.

A l'Hôpital: manuscrits de Catinat.

A la Mairie: Masséna par Hersent, buste de Ségurane et autographie de Pie VII.

Quai du midi ou rue Saint-François-de-Paule: maison habitée par Napoléon Ier, Barras, Robespierre le jeune, Salicetti et le pape Pie VII.

Rue droite, 15: le palais Lascaris. La statue de Pomone, antique, (au milieu de l'escalier) vient d'Athènes.

Rue du marché, chez M. de Cessoles : le stradivarius de Paganini.

Rue Saint-François de Paule (église de) tableau de Vanloo et d'Amiconi.

Banque de France

(SUCCURSALE) 11, *Quai du Midi.*

M. LUBONIS, directeur. Bureaux: de 9 h. à midi et de 2 à 4 heures.

Banquiers

Avigdor S., 10, place Napoléon et suc^{le} Hôtel Chauvain.
Caisse du Crédit pl. Napoléon.
Colombo (veuve) et fils, 15, rue droite.
Gastaud Honoré, 11, sur le Cours.
Gautier fils aîné, place Napoléon.
Lacroix Adolphe, 2, rue St-François-de-Paule.
De Ricordy, 13, rue Masséna.

Théâtres de Nice.

Nice possède trois salles de théâtre :

Le *Théâtre Impérial*, rue Saint-François-de-Paule, bâti en 1890. Il appartient à la ville; on y joue l'opéra italien.

Le *Théâtre Français*, bâti en 1855, par les frères Tiranty, situé rue du Temple, appartient à M. Avette, directeur de cette scène. Comédies, drames, tragédies, vaudevilles, et opérettes.

Théâtre des Variétés, rue Saint-Michel, opéras italiens et ballets.

Commissariats de Police.

Le bureau du commissariat central est ouvert de 9 heures à 11 heures du matin, et de 1 heure à 5 heures du soir.

Au rez-de-chaussée de la Préfecture se trouve le poste central des agents de police et les bureaux des inspecteurs, dont on peut requérir l'assistance à toute heure.

1er Arrondissement : rue du Collet, 7.
2e Arrondissement : place Napoléon, 11.
3e Arrondissement : avenue du Prince-Impérial, maison Pollan.

Cercles.

Cercle Masséna, 4, Avenue du Prince Impérial.

Un étranger est admis dans les splendides salons de ce Cercle par vote secret et sur la proposition de 2 membres fondateurs.

Cercle Philarmonique, rue du Pont-Neuf.

Les étrangers, sur la présentation d'un membre, y sont admis pour 10 jours.

Casino ou *Cercle International*, promenade des Anglais.

Les étrangers sont admis sur présentation. Prix de l'abonnement : par mois fr. 30. Pour la 1/2 saison fr. 75, pour la saison fr. 100. On s'abonne aussi pour 8 jours f. 15.

Cercle du Commerce, quai St-Jean-Baptiste.

Loges Maçonniques.

La philanthropie Ligurienne, Rit Ecossais, 10, rue du Pont-Neuf, tous les lundis à 8 heures du soir.

La Philosophie Cosmopolite, Rit Français et Ecossais, 8, rue Chauvain, tous les mercredis à 8 h. du soir.

TABLE DES MATIÈRES

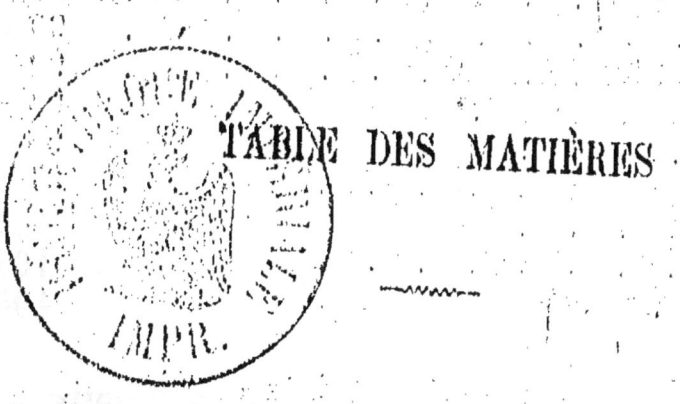

Préface	1
Historique de Nice	2
Les Niçois peints par eux-mêmes	20
Les Festins à Nice	24
Le Carnaval	26
Le Costume Niçois	29
Le Patois	31
La Santé Publique, Tableau de la Météréologie	33
Les Arts et la Science	44
L'Industrie	55
Les Gloires de Nice	61

Embellissements de la Ville, ses Promenades, ses Monuments.

Promenade des Anglais	73
Le Casino	80
Jardin Public	81
« des Phocéens	82
Le Paillon	83
Les Quais	84
L'Avenue	86
Le Lycée	87

Les Ponchettes	88
Les Ponts	90
Les Cours et les Terrasses	92
Préfecture	93
Les Places	98
Les Boulevards	101
Le Château	102
Le Port	104
Le Lazaret ou Golfe Lympia	105

Excursions aux quatre points cardinaux.

NORD

Cimiès	110
Saint-Pons	116
Saint-André	120
Tourette	124
Mont-Chauve	127
Falicon	132

SUD

Routes de Villefranche	134
Vinaigrier	143
Villefranche	146
Beaulieu	151
Saint-Hospice	161
Excursions dans la Rade	165

EST

Route de Gênes	167
Èze	171

La Turbie 174
Roquebrune 176
Monaco. 179
Route de Turin 188

OUEST

Saint-Barthélemy. 191
Le Ray 194
Saint-Étienne. 197
Route de France 201
Fabron 206
Le Var 208

Légendes des Villas.

Laurenti-Roubaudi 219
Avigdor 222
Colombo 224
Barberis 225
Garin 226
Gastaud 228
Redron 229
Margaria 229
Moutte 229
Girard 220
Vigier 230
Historique des Rues. 232

Renseignements.

Cultes 241
Consuls 242

Télégraphe	244
Poste aux Lettres	244
Tribunaux	246
Bateliers et tarif	246
Voitures de place et tarif	248
Malle-Poste et Courriers	249
Bateaux à Vapeur	250
Chemin de Fer	251
Roulage et tarif	252
Curiosités	253
Banques et Banquiers	255
Théâtres	250
Commissariats	254
Cercles	255
Loges Maçonniques	255

ERRATA

Page 4, au lieu : d'un air jaloux, lisez : *d'un œil jaloux*.

Page 40, au lieu de : qui en bouleversant toutes les nations, lisez : *notions*.

Page 54, au lieu de : M. le Chevalier Barla, directeur du Musée, etc., etc., lisez : *M. le Chev. Barla a fait don au Cabinet, de la collection mycologique qui excite l'admiration de tous les savants. Il a aussi, depuis deux ans, enrichi le Musée d'un herbier destiné surtout à représenter la flore si variée de ce département.*

Page 57, au lieu de : les cent parfumeurs de Nice fabriquent chacun par an 2000 litres d'eaux distillées, lisez : lisez : *2000 par jour*.

Page 85, au lieu de M. Tapon, lisez : *M. Taton*.

Page 111, au lieu de : au fond de Carabacel, chemin etc., lisez : *au fond de l'Avenue de Carabacel, en n'oubliant pas, etc.*

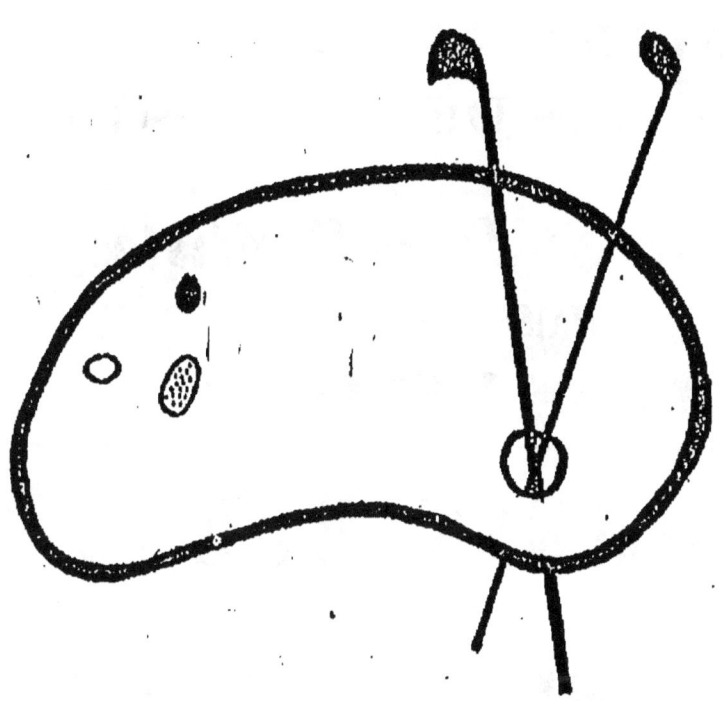

DEBUT D'UNE SERIE DE DOCUMENTS
EN COULEUR

NICE.

JULIEN CLERIS

Fabricant de Chaises et Meubles
EN TOUT GENRE,

LITS COMPLETS.

ARTICLES DE TAPISSIER

Quai St-Jean-Baptiste
MAISON MARTIN
NICE

COMESTIBLES

Mon DANNEAU LHERMITE

BARRÉ Successeur

Rue de la Préfecture 12,
NICE

BRASSERIE ALSACIENNE
CAFÉ ET RESTAURANT

Tenu par
PIERRE BELLISSOMI

Rue Saint-François-de-Paule n° 4,
NICE.

Huîtres et Choucroutes à toute heure.

VINS ÉTRANGERS ET DU PAYS.

Liqueurs de premier choix.

VÉRITABLE BIÈRE DE STRASBOURG.

Mme BADELIN
COIFFEUSE

3 — Rue de France — 3

DERRIÈRE LE CASINO

PARFUMERIE FINE ET ORDINAIRE.

Salon de Coiffure, spécialement réservé aux Dames,

SALON POUR LA COUPE ET LA TEINTURE DES CHEVEUX.

Coiffures pour Bals et Soirées

ET POSTICHES.

A. DONADEI
5, PLACE CROIX-DE-MARBRE, NICE.

Entrepôt de Fourrages
et Graines.

REMISAGE DE VOITURES DE VOYAGE

ET PENSION DE CHEVAUX.

HOTEL DE GÊNES ET DE TURIN
Tenu par MENALDO
Place Charles-Albert, n° 4.

Pension à 6 frs. par jour, Chambre comprise.

TABLE D'HOTE
à 6 heures du soir.

On sert à la Carte à toute heure.

PRIX MODÉRÉS.

Service Général des Pompes funèbres.
PRADO HUBERT
Place St-François, Nice.

Chars et Corbillards de 1re, 2me et 3me classes pour tous les cultes, pour la ville et les environs.

Fourgons pour transport des corps à l'étranger, sur tous les points du globe et dans l'Intérieur de l'Empire sans changer de voiture, ni de conducteur jusqu'à la dernière demeure.

Tentures de toutes classes pour les maisons mortuaires et pour tous les cultes et chapelles ardentes.

Cercueils garnis, tels qu'ils se font dans toutes les nations

A la demande des familles on procure des prieurs et des prieuses suivant le sexe.

L'Entrepreneur se met à la disposition des familles, pour tout ce dont elles pourraient avoir besoin pour les convois et les monuments funèbres.

L'administration traite à forfait pour les transports à l'étranger ou à l'intérieur.

On ne solde le prix du transport qu'à l'arrivée à destination. Prix fixe et modéré.

INDUSTRIE ARTISTIQUE
Sculpture, Mosaïque et Ébénisterie
GALLIËNA ET CERA
Nice, rue Masséna, 18 — Vichy, rue Montaret, 21.

LEÇONS DE SCULPTURE & LEÇONS DE MOSAÏQUE.

Fournisseurs brevetés et médaillés ; distingués par leur méthode, ils ont eu l'honneur de donner des leçons de sculpture à S. A. la Grande Duchesse Marie et à plusieurs dames d'honneur de S. M. l'Impératrice de Russie.

4 médailles aux grandes Expositions de l'industrie.

HOTEL & PENSION SUISSE
Ouvert toute l'année
AVEC SES DÉPENDANCES

Torre et Villa Bellanda.

Aux Ponchettes, N°s 9 et 11.

M. et Mme HUG, Propriétaires.

NICE, Alpes-Maritimes.

Grand ASSORTIMENT de LAMPES MODÉRATEUR
SUSPENSIONS

CAPECCHI
LAMPISTE

Quai St-Jean-Baptiste, Maison du Grand Hôtel
NICE.

RÉPARATIONS DE TOUTES SORTES DE LAMPES.

Fournitures de rechange pour Clyso-irrigateur.
Ferblanterie Polie et Vernie, articles en Fer-Battu.
Flambeaux, Candelabres en Bronze.
Quinquets, Globes et Cheminées en Cristal.
Mèches, Lampes à pompe en Composition.
Clyso-Pompes des meilleurs systèmes. Abat-Jour.
Injecteurs Élastiques, Lampes de Voyage,
Petits Clysos de Voyage, Irrigateurs de 1re marque, etc.

MAGASIN

d'Objets d'Utilité, d'Ornements, d'Architecture, et de Jardins en Terre Cuite.

Pots pour plantes, Tuyaux de toutes dimensions, Balustres de divers genres, Briques découpées pour Terrasses et Balcons, Corniches, Consoles, Frises, Modillons, Rosaces, Encadrements, Statues, Fontaines, etc., etc.

Petits Objets de Fantaisie, Prix modérés.

TOUS CES ARTICLES SONT GARANTIS CONTRE LA GELÉE.

Chez M. MUSSO Joseph, rue de France, 69.

ÉTABLISSEMENT COMPLET

DE

Bains Turcs

TENU PAR

M. BARBERIS

FONDATEUR A NICE DE CE GENRE DE BAINS

Rue Chauvain, 4.

Bains Turcs, douches froides et chaudes. Piscines, massage, etc., etc.

MAISON D'EXPORTATION
FONDÉE EN 1861
ESCOFFIER
Confiseur et Patissier

Nice, 1 Place Masséna, 1, Nice.

SERVICE POUR BALS ET SOIRÉES

Spécialités pour les Fruits Confits.

La maison se charge des Expéditions en tous pays.

A. DEVAUX

Fabricant d'appareils électriques
et Instruments à l'usage des Sciences,
Produits chimiques purs.

7 — RUE MASSÉNA à NICE — 7

Accessoires pour la Photographie, Papiers albuminés salés à filtre rond de Pras-Dumas, Objectifs, Chambres noires, Verrerie de laboratoires, Cartons bristols, teintés imitant le chine, Cartes de visite, Verres pour clichés, Chassis-presse, Appui-têtes, etc.

Feux d'Artifices pour salons et jardins, Vernis de toutes couleurs pour bois et métaux, Porcelaine dure de Bayeux, Bobines de Ruhmkorff, Appareils médicaux, Piles de tous systèmes.

Fabrication spéciale et pose de Sonneries électriques.

HOTEL BELLEVUE

Route St-Étienne,
NICE.

Ce vaste établissement confortablement meublé, est situé en plein midi, au milieu des jardins d'orangers et de citronniers du splendide quartier de St-Étienne. A proximité de la Gare du chemin de fer.

Un vaste jardin avec bassin, jets d'eaux etc, se trouve derrière l'hôtel.

Le panorama au nord s'étend sur toute la partie du pays alpestre qui domine Nice. Au midi, du côté de la mer, le jardin touche à la route de France, la promenade des Anglais. A l'ouest, au quartier St-Philippe.

Le temple anglican et le temple russe sont aussi à proximité de ce bel établissement. Salon de lecture, salle de bains, table d'hôte.

L'HOTEL ET RESTAURANT DES DAMES
TENU PAR
J. ARDIGO
est transféré cité du Parc, n° 10
FAISANT FACE A LA MER.

Cet établissement, l'un des plus anciens et des mieux achalandés de Nice, au bord de la mer, au centre de la Ville, à proximité des affaires, de la Préfecture, de la nouvelle Mairie, du Théâtre Impérial, des bureaux des bateaux à vapeur, et des promenades, se recommande à MM. les voyageurs par la jolie situation de ses appartements au bord de la mer, par le soin du service, par le confort de sa cuisine, et par ses prix excessivement modérés.

Voitures faisant le service de la Gare à tous les départs et arrivées des trains du chemin de fer, ainsi qu'à l'arrivée et aux départs des bateaux à vapeur de Gênes, Marseille et la Corse.

A. MARCOU FILS

Marchand de Vins

HUILES D'ITALIE

Vins fins.

5, Rue Chauvain, NICE.

GYMNASE
SOHIER
19, rue Gioffredo, à Nice.

M. SOHIER, professeur de Gymnase au Lycée Impérial de Nice, a établi son gymnase dans un des quartiers neufs de la ville.

M. SOHIER fait entrer dans son programme l'ESCRIME et la DANSE, compléments indispensables de l'instruction gymnastique.

Ainsi aux développements des forces musculaires chez les jeunes gens, ce professeur ajoute, l'ADRESSE par l'ESCRIME et la GRACE par la DANSE.

Il va sans dire que le maintien et la marche font aussi partie de l'instruction.

On comprend les avantages qu'il offre, puisqu'il réunit dans un seul et même faisceau toutes les branches de la gymnastique qui exigent ordinairement un professeur pour chacune d'elles. Les exercices sont empruntés en majeure partie à la méthode de M. le docteur Schreber, directeur de l'Institut orthopédique de Leipzig.

HOTEL-RESTAURANT DU MIDI
AVENUE DELPHINE,
aux portes de la Gare.

Cet établissement agréablement situé en plein midi, dans le vaste jardin qu'on appelle *la vallée St-Étienne*, offre à MM. les étrangers de passage, ainsi qu'à ceux qui veulent y rester la saison, tout ce qui peut contribuer à leur bien-être, soit sous le rapport de la nourriture, du service et des prix modérés.

Chambres depuis 1 fr. 50 jusqu'à 6 fr. — Salon de famille. — Table d'hôte, 4 fr. — Service à la carte et à prix fixe.

Station de voitures à la porte de l'hôtel.

Tapisseries et Ameublements
DE PARIS
RUE MASSÉNA, 36.

PAUL GUIGNARD
Tapissier-Décorateur

VENTE et LOCATION de meubles, sièges, tentures, lits en fer, sommiers élastiques, matelas, etc. etc.

LOCATION d'articles pour Bals, Lustres, Candélabres.
Applique-banquettes et toile pour Bals.

Avenue du Prince Impérial

ET BOULEVARD D'ENCEINTE

Grand Hôtel des Iles Britanniques

Tenu par M. Maurice ROSNOBLET

Propriétaire des hôtels des Iles Britanniques de Nice et de Menton.

Cet établissement de premier ordre, mériterait à juste titre le nom d'*Hôtel Soleil*, tant il est heureusement situé en plein midi, à deux pas de la Gare, dans une magnifique avenue et près de la place Masséna.

Salons de Lecture, de Conversation, Bains, etc.

ÉPICERIE FRANÇAISE
M. TÉRÈSE

Successeur de M. Joseph TOCHE.

RUE DE FRANCE, 75

Vins Étrangers et du pays, Rhum, Cognac, Liqueurs et Sirops, Huiles Surfines et pour Lampes. Denrées coloniales, Thés, Cafés, Sucres, Fruits frais et secs, Confitures, Pâtes d'Italie, Bougies, Poterie, Verrerie.

GRAND CHOIX
DE TABLEAUX

5, RUE DES PONCHETTES
sur la mer, NICE.

FABRIQUE DE CIERGES ET BOUGIES
EMMANUEL BOUTTAUT

11, Rue Saint-François-de-Paule, 11
NICE.

Hôtel et Pension Julien

NICE, Rue Masséna, 32 bis.

Table d'hôte à 5 h. 1/2 | On sert à la carte à prix fixe.

Cet établissement admirablement situé, se recommande par le confortable de sa cuisine, de ses logements et modération de ses prix.

Dîners à Domicile.

CONFISERIE et PATISSERIE
B^{my} BOTTIN

Rue Pairolière, 2,
Près la Place Napoléon, NICE.

CHOCOLAT DES PRINCIPALES FABRIQUES DE FRANCE.

Bains St-François-de-Paule.

Rue St-François-de-Paule, 8, et quai du Midi, 1.

à côté du Théâtre Impérial.

NICE.

Etablissement de premier ordre; propreté, exactitude, dans le service. On trouve à toute heure des bains chauds d'eau de mer et d'eau douce, des bains de vapeur russes et douches, bains de barèges et bains à domicile.

Cabinets chauffés.

Parfumerie des premières maisons de Paris.

Cet établissement est restauré et entièrement mis à neuf.

M. NINCK
Chirurgien-Dentiste diplômé,

reçoit en son cabinet,

30, Rue Masséna,

de 9 h. à 11 h. du matin et de 1 h. et 1/2 à 5 h. du soir.

Deux médailles d'argent lui ont été décernées pour ses perfectionnements dans l'art dentaire, et, en outre, une mention honorable à l'Exposition universelle de 1868.

— Il est *réellement le seul dentiste* à Nice et en province qui a reçu une distinction à la grande Exposition de Paris.

M. Ninck emploie tous les moyens les plus nouveaux pour la conservation des dents et pratique toutes les opérations les plus difficiles de sa profession.

BOULANGERIE

BRAC Jean-Baptiste

Rue de France
NICE

Magasin Anglais
E. WEEKS

2 — *Place et Rue Charles-Albert* — 1

EN FACE LE PONT-NEUF.

MERCERIE, BONNETERIE,
ARTICLES DE BLANC, DOUBLURES.

ENGLISH WAREHOUSE

**Haberdashery, Hosiery,
Calicots, Flannels, Linings, etc.**

REGIS LUCA
FABRICANT DE CORBEILLES
Pour Fleurs et Meubles rustiques pour Jardins
EN TOUT GENRE.

4, — Rue de France — 4,

NICE.

PAPETERIE ET RELIURE
Rue Gioffredo, 7. Nice.

L^N BANFI

Fournitures de Bureaux — Articles de Dessin.

RELIEUR ET CARTONNIER EN TOUT GENRE.

Fabrique de Buvards, Portefeuilles, Ecrins,
Ménagères, Trousses, etc.

FABRIQUE DE FLEURS
et fournitures en tous genres.
MADAME JOURDAN
Rue Saint-François-de-Paule, 14, Nice.

Assortiment de Cylindres, Ovales et Ronds,
Vases montés — Assortiment de Fleurs pour Bals,
Apprêts pour Fleurs, Fleurs de Paris.

Confiserie, Patisserie
H^{RI} CATALAN

Bonbons, Fruits confits assortis, Gateaux pour Soirées,
Vins Étrangers, Liqueurs et toutes sortes de Sirops.

Rue de France, 38, maison Cabasse, Nice.

CHIAUDANO SÉBASTIEN
HORLOGER
QUAI SAINT-JEAN-BAPTISTE,

au Grand-Hôtel.

P. RAYNAUT ET J.-B. SAYTOUR
MIROITIERS DOREURS
Rue St.François-de-Paule, 22, Nice.

Encadrements, Décors pour appartements, Ornements pour Églises, Redorage de Sculptures antiques, Dorure, Miroiterie, Rétamage de glaces, Galeries et Consoles en tous genres.
Grande collection de Gravures avec encadrements de tous genres.

MAISON BELFORTI
2, Rue du Pont-Neuf, Nice.
GRAND CHOIX DE DENTELLES ET LINGERIES
HAUTE NOUVEAUTÉ
à des prix très-modérés.

MAISON DE CONFIANCE.

Médaille d'argent 1er Concours — Exposition de Nice.
GLACES ET MEUBLES
COMMISSION, EXPORTATION
Spécialité pour les encadrements.
DEMERENGO CADET
Rue Masséna, 24, Nice.

Dépôt de Glaces des Manufactures de St-Gobin, Chauny et Cirey. — Consoles, Médaillons, Toilettes, Tables en tous genres — On fait sur commande — Décoration d'appartements, — Prix modérés.

FERDINAND GUIRAUD
Teinturier – Dégraisseur
DE LYON.
Place Poissonnerie, 5,
NICE.

Dîners à Domicile
ET PLATS DE COMMANDE.
M. CASIMIR ARNOUX
Rue Alberti, 4, à Nice,
entre la rue Gioffredo et le quai St-Jean-Baptiste.
On se charge également de l'organisation des buffets pour bals et soirées.

ANTOINE AUREGLIA
JARDINIER FLEURISTE.
LOUE ET VEND DES VASES DE FLEURS.
FAIT DES BOUQUETS DE COMMANDE.
NICE, rue de France, 49, villa de la Suze.

RESTAURANT DE FRANCE
SUR LE COURS NICE
TENU PAR
AUGUSTE GIOAN
Dîners à la Carte et à Prix Fixe. Dîners à Domicile.
Prix Modérés.

HOTEL ET PENSION DE GENÈVE

6, Boulevard Carabacel, Nice.

Grands et Petits Appartements, situés en plein midi avec agrément d'un beau jardin.

PRIX TRÈS-MODÉRÉS.

JULES BESSI CADET

CHAPELIER

Rue de la Préfecture, 10, Nice.

Chapeaux de Soie Castor et sans apprêt de toutes qualités. Assortiment de Casquettes en tous genres.

PRIX MODÉRÉS.

Médaille d'argent 1865 — Concours Régional, Exposition de Nice.

PASTOR

FABRICANT D'ARTICLES NOUVEAUX

Fait au tour

ÉBÉNISTERIE, SCULPTURE, MOSAÏQUE.

Leçons spéciales pour les Amateurs sur Bois, Ivoire, Sculpture et Mosaïque.

RUE CHAUVAIN, 8, NICE.

GRAND MAGASIN DE PIANOS

H. LEGRESLE

DE PARIS

Facteur, Réparateur et Accordeur de Pianos.

5, rue Masséna, Maison Boëri au 1er, Nice.

VENTE ET LOCATION.

BOUCHERIE ANGLAISE

Etal de 1re classe

Maison Ponson, rue Masséna, 45.

Bœuf, veau, mouton, agneau de premier choix — Prix fixes et modérés, livrets pour les familles.

Restaurant de la Ville.

BRUN FORTUNÉ

Rue de l'Hôtel de Ville.

OPTICIEN

ROSSI JOSEPH

Rue du Pont-Neuf, 4.

Grand choix de lunettes, verres gradués, fumés, et bleus. Pince-nez en tous genres, jumelles théâtre et marine, longues-vues, microscopes, télescopes, baromètres, thermomètres, etc.

DÉPOT D'HUITRES FRAICHES

Comestibles, Salaisons et Fruits secs,

MARCHANDE D'HUITRES

Sur le Cours, 18.

TREILLAGES à la MÉCANIQUE
GRILLAGES ET CONSTRUCTIONS RUSTIQUES.
MÉDAILLES D'OR, DE VERMEIL ET D'ARGENT, 1re CLASSE
DOUZE MÉDAILLES.
EXPOSITIONS
Universelles et Régionales
de 1855, 1856, 1857, 1858, 1859, 1860, 1863, 1865, 1866, 1867

A. TRICOTEL

Rue Impériale, 30
et Prado à l'angle de la rue Borde, MARSEILLE.
Faubourg St-Jacques, VALENCE (Drôme.)
RUE DE FRANCE, 72, NICE.
MAISON A PARIS, Rue d'Hauteville, 81.

M. PIERRE BESSI

Successeur de J.-B. MARTIN.

PAINS DE SEIGLE ET DE TOUTE QUALITÉ

English Bread | Pain Anglais

~~~~~~~

RUE PARADIS, 1.

Vis-à-vis la place St-Étienne.

NICE.

COMMISSION ET EXPORTATION
D'ouvrages en marbre
En tous genres et dépôt de marbres brut.

ORESTE BARDI

Rue des Ponchettes, Nos 17, 21, 22 et 23,

Monuments et Inscriptions pour tombes et autres, statues pour villas et salons, objets d'art et de fantaisie divers.

BREUIL

FABRICANT DE PARAPLUIES

ET OMBRELLES

Rue de la Terrasse, 4, Nice.

AUX CANNES DE PALMIER

CHARPENNE

Fabricant de Parapluies, Cannes et Ombrelles.

Angle de la rue Gioffredo
ET DU BOULEVARD CARABACEL.

NICE

A LA GRILLE DE FER

Boucherie Française

RETOURNAT

Rue Massena, 6.

EUGÈNE BIAGGINI

Professeur de Piano, accompagnateur et chef d'orchestre de soirées dansantes.

Boulevard d'Enceinte, maison Dalbera.

AU ROCHER DE CANCALE
CAFÉ RESTAURANT
Tenu par
LADREYT BENJAMIN

Aux Ponchettes, près la mer.

Consommation 1er choix — Prix modéré — Dépôt d'Huîtres — Diverses provenances.

HONORÉ AUDA
RÉPARATEUR ET ACCORDEUR

Place Grimaldi, 5, au 1er

NICE

LOCATION DE PIANOS

Restaurant du Petit Paradis
RIZAMONTI

4, Rue Gioffredo, 4, à Nice

Donne à la carte — Cabinets particuliers.

MERCERIE ET LINGERIE
GRAS ET POUSSEAU

Rue Gubernatis, maison Derquit

Articles nouveaux de Paris — Parfumerie de Paris.
Cravates, Faux-cols, — Boutonnières de toute espèce.
— Baleines pour robes et crinolines.

Spécialité de Timbres Secs et Humides,
B. BERTINETTO
GRAVEUR SUR MÉTAUX
2, Nice — Rue Paradis — Nice, 2.

Caractère à jour, Plaques pour porte, Marques en zinc pour sacs et emballages, Marques à chaud pour le bois, Griffes, Cachets de tous genres, Timbres de bureaux, Gravures de couverts en or, argent, Ruolz.
Photographies diverses et Vues de Nice.

MAISON MATTON
COIFFEUR PARFUMEUR EN TOUS GENRES

Brosserie, Parfumerie des principales maisons de Paris et de Londres — Articles de Postiches en tous genres.
Cravates — Coiffeur de Dames pour bals et soirées
Faux-cols — Prix Fixe.

Rue Gubernatis, maison Cassin, près la rue Gioffredo. Nice

PHARMACIEN FRANÇAIS
(Enseigne de la maison adoptée avant l'annexion)
L. FOUQUE, Pharmacien de 1re Classe

Fournisseur breveté de S. M. la Reine Douairière de Danemarck.

Dépôt de toutes les spécialités recommandables.
USINE SPÉCIALE
pour les Eaux d'Oranger et tous les produits du pays.

JOSEPH JÈDE

Chaussures en tous genres,
Pour Hommes, Dames et Enfants.

Rue Gubernatis, Maison Cassin,
près la rue Gioffredo.

NICE.

EXTERNAT TOESCA

Rue Masséna, 5

NICE.

VINS FINS
DE CUTLER PALMER ET C°
de Bordeaux et de Londres.

SEUL DÉPOSITAIRE A NICE

CHARLES VESPA

Epiceries, vins et thés — Dépôt de pain d'épice de Dijon

Rue Masséna, 24.

VICTOIRE COHEN

Rue de la Préfecture, 8, à Nice.

AU PARADIS DES DAMES

Rubans, Corsets, Crinolines et Lingeries.

Nice. Grand Hôtel, quai Saint-Jean-Baptiste.

TH. ALLARD

Deux Médailles d'or. Rue de la Chaussée-d'Antin, 45, Paris

COIFFEUR DE PARIS.

A l'honneur de se présenter, cet hiver, aux Dames de la société de Nice, avec le vif espoir d'être comme à Paris et à Bade, remarqué par le choix de ses COIFFURES artistiques et variées.

Charcuterie et Comestibles

J.-B^{te} GIRARDI

Rue des Voûtes, N° 1.

NICE.

J. ROVERE

Coiffeur du Cercle Masséna

Spécialité pour l'entretien de la Chevelure par l'eau Rovere.

Place Masséna, 4.

NICE.

Mlle HONORINE GILETTE

Rue de France, 56,

Épiceries et Comestibles, Vins fins, Fruits, Légumes, liqueurs, huiles fines de Nice et Faïence.

MAISON FONDÉE A NICE EN 1840

Tapis, Étoffes et Articles d'Ameublement.

Toiles, Coutils, Mousselines, Rideaux, Perse, Damas, Lastings Velours, Tapis, Foyers, Couvertures, Linge de

J. MESSIAH
DE LONDRES

table, Essuie-mains, Embrasses en laine et coton, Passementerie et fournitures pour tapissiers.

10, rue du Pont-Neuf,

près la place de la Préfecture.

DÉPOT DE LAINE POUR MATELAS

Lavoir à laines, rue Fodéré, 8.

Bains des Quatre Saisons

Dirigés par J.-B. THIBAUT

Fournisseur de LL. MM. l'Impératrice de Russie et feu le roi de Bavière.

Place du Jardin-Public, 8, rue du Casino, 12.

ENTRE L'HOTEL DES ANGLAIS ET L'HOTEL D'ANGLETERRE

NICE.

Cet établissement, situé au centre du quartier élégant, offre à MM. les étrangers, par les aménagements nouveaux et la ponctualité dans le service, tous les comforts désirables.

Bains chauds d'eau douce et d'eau de mer pure. — Bains de vapeur térébentinés. — Bains de Barége et cabinets chauffés. — Bains à domicile à toute heure — Douches d'eau douce et d'eau de mer.

HABILLEMENTS CONFECTIONNÉS SUR MESURE

PAUL POSSÈO FILS

Place Napoléon, 9, sous les arcades de l'église du Saint-Sépulcre.

NICE.

Peintre et Photographe

Boulevard du Pont-Vieux, 24.

A L'OMBRELLE NIÇOISE

Cannes et Cravaches — Chicotage en soie — Parapluies et Ombrelles.

6, rue Masséna, Maison Tiranty, Nice.

RÉPARATION AUX PARAPLUIES, OMBRELLES ET ÉVENTAILS

CUISINE DE PAUL LAVIT

envoie les DINERS à DOMICILE et à la COMMANDE
à des prix très-modérés.

Rue Masséna, 3, maison Martin,
vis-à-vis le Café de la Victoire

NICE.

MAISON SPÉCIALE DE VINS FINS ET ORDINAIRES

L. GALLIN FILS

2, Rue Croix-de-Marbre, 2, Nice.

Maison Teisseire.

TORDO JEAN

HORLOGER

Rue Place d'Armes, 25.

NICE.

VICTOR DEBENEDETTI

TAPISSIER

Rue Gioffredo, Maison Isnard.

Meubles, Siéges, Tentures.

PENSION GRIMALDI

Appartements meublés au midi avec jardin.

Rue de France, 2.

Aux Cannes d'oranger

Jᵖʰ ARNAL

Fabricant de Cannes, Parapluies et Ombrelles.

Rue du Pont-Neuf, 8 bis, Nice.

M. Arnal se recommande aux personnes de bon goût, qui aiment l'élégance et la solidité, par les soins et le zèle qu'il apporte à son travail, aussi espère-t-il d'attirer l'attention des Amateurs et d'augmenter de plus en plus sa clientèle. Prix Modérés — On fait la commande et les réparations en tout genre.

PHARMACIE INTERNATIONALE

9, Quai St-Jean-Baptiste, 9.

au Grand Hôtel.

ETABLISSEMENT DE 1ᵉʳ ORDRE

En face le square Masséna.

CAUVIN

ENTREPRENEUR DE MENUISERIE

Rue St-François-de-Paule.

LONDON HOUSE

TAVERNE ANGLAISE

Magasin de comestibles, primeurs, Vins fins et provisions de toute espèce.

3, Rue Croix-de-Marbre, 3, Nice

CERUTI ARMURIER
EN TOUS GENRES,

Rectification des Canons pour le Tir — Réparation d'Armes de Luxe.

Rue Pinchienati, sur le coin de la rue Gioffredo,

NICE.

Maison Alphonse Karr
FONDÉE EN 1857.

Mme **DULUC**, Successeur,

Jardin Public, 7, Nice.

Bouquets, Coiffures, Jardinières, Expéditions.

TRAVE PÈRE ET FILS
PROFESSEURS DE MUSIQUE

Entrepreneurs de Bals et Réunions musicales.
Donnent des Leçons de plusieurs Instruments
A VENT ET A CORDES.

Place Masséna, 4, au 3me, Nice.

GRAND HOTEL DES EMPEREURS
Avenue du Prince Impérial,
NICE (Alpes-Maritimes)

VIDAL, propriétaire

SAISON D'ÉTÉ
Établissement de PAUL LAVIT
à la BOLLÈNE
Entre Lantosque et Roquebillière.
Ouverture le 1ᵉʳ Juin 1869.

BOLLÈNE centre de l'une des plus curieuses parties de la province de Nice, offre de magnifiques excursions. L'aménité du site et la salubrité de l'air font de ce délicieux séjour un lieu privilégié pour la santé et pour l'agrément. Cet établissement de plaisance est le rendez-vous d'une brillante société qui y trouve tout le confort désirable dans le but de satisfaire aux désirs de la colonie étrangère et des habitants de Nice. M. PAUL LAVIT n'a rien épargné pour l'agrandissement de cet établissement et pour l'agrandissement de ses appartements.

Piscines et Bains Hydrothérapiques.

Salon de Lecture avec divers Journaux. Pianos dans le Salon et pianos pour les familles qui le désirent dans leurs appartements, Billards, Gymnastique, jeux divers Boules, Quilles, Tir au Pistolet, etc.

Prix du Logement et de la Nourriture.

Pour les personnes adultes 5 fr. 50 par jour, pour les enfants de 10 ans 3 fr. 50 par jour, pour les domestiques 4 fr. par jour, service 50 cent. On parle Allemand, Anglais, Italien, Français.

Deux diligences font le service tous les jours de Nice à Roquebillière.

Départ de Nice : service de jour à 6 heures du matin, arrivée à 2 heures du soir. — Service de nuit à 8 heures du soir, arrivée à 5 heures du matin — Distance de Nice à la Bollène, 6 heures. Les familles à leur arrivée au Pont de la Bollène, trouveront un commissionnaire, et au besoin des montures et chaises à porteur; distance du Pont à l'établissement, 10 minutes.

Pour plus amples renseignements, s'adresser jusqu'au 25 mai, à Nice, chez M. PAUL LAVIT, directeur, rue Masséna, 3.

MAISON CENTRALE
Rue de la Préfecture, 6
NICE

J. GIACOMETTI
DROGUERIES
Épiceries et Comestibles
ET TOUTES LES SPÉCIALITÉS ALIMENTAIRES.

VINS FINS ET ORDINAIRES.

A.^{des} PROVENÇAL
Successeur de B. AUDIFFRET fils
8, Rue de la Préfecture, Nice

Porcelaines, Cristaux, Bronzes — Papiers peints, Garnitures de feux et de Cheminée. — Articles d'Éclairage, de fantaisie et d'Ameublement. — Coutellerie Anglaise. — Quincaillerie. — Faïence Anglaise et Verrerie.
CYLINDRES RONDS ET OVALES.

PIANOS ET MUSIQUE
JEAN FERRARA
1, Quai Masséna, Nice.

PIANOS DES MEILLEURS FACTEURS.
MUSIQUE NOUVEAUTÉS,
Fabrique de Pianos, échanges, réparations et accords.
Harmoniums, Harmoni-flûtes et autres.
Succursales à Menton et à Cannes.

MM. OUSTRIC Père et Fils
Mécan^{ns}-Dentistes

PROFESSEURS DE PROTHÈSE DENTAIRE
A PARIS

Ex-Chirurgiens Dentistes de Lord Brougham

RUE D'ANTIBES, 15. CANNES.

RECOMMANDATION
Certificat de capacité de l'école de médecine

DENTISTES DE PLUSIEURS COLLÈGES
ET DE DIVERSES INSTITUTIONS

ENGLISH SPOKEN

LAFFORGUE
maison spéciale de
LITERIE

24. Rue d'Antibes. 24.
CANNES

Fabricant à Marseille, Boulevard du Musée, 80, A, et Allée de Meilhans, 5.

Grand Bazar de Cannes
AU CHALET SUISSE
14, Rue d'Antibes, 14.

Seul propriétaire de la plus riche collection de PHOTOGRAPHIES de toute la route de Marseille à Nice et de la ROUTE DE LA CORNICHE

Souvenirs en BOIS DU PAYS, Mosaïques et Sculptures — JOUETS D'ENFANTS.

Fournitures de Peintures au même prix qu'à Londres et Paris, expédiées Franco sur commande.

Parasols d'Artistes avec piques depuis 12 francs.

Bijouterie de Fantaisie.

Papeterie, Spécialité de Timbrages en couleurs.

On parle Anglais et Allemand.

PRIX FIXE EN CHIFFRES CONNUS.

CANNES
RUE D'ANTIBES, 26.

LAITERIE M^{leine} LAYET

Lait, Beurre et Œufs frais, Lait d'Anesse.
Crême, Anesses pour Promenade, Lait de Chèvre.

GASPARIN LAYET
Loueur de Voitures

Landeaux et Calèches, Panier et Cheval de Selle,
Petite Voiture attelée à un Ane.

AUX MODES PARISIENNES

Rue du Cours, 23, 24, en face du Bassin.

Grande Maison de Modes, Lingeries, Nouveautés, Chapellerie, choix considérable de Chapeaux de paille d'Italie et autres depuis 1 fr. Mercerie, Ganterie Jouvin, etc. Rubans, Fleurs, Étoffes pour bals et articles de Paris.

Cette maison fondée à Cannes en 1853 par Mlles PECOUT, se recommande à la bienveillance habituelle de sa clientèle étrangère.

PRIX FIXES ET MODÉRÉS.

PHOTOGRAPHIE
André GASQUET

Boulevard de l'Impératrice, CANNES

Reproduction, Cartes de visite, grand choix de vues et paysages de Cannes et ses environs, vues stéréoscopiques, dépôt de lunettes assorties, machines à coudre, réparation.

AUX ARTISTES

L'une des plus jolies situations de la vallée des Spélugues est l'établissement tenu par

M. JOSEPH GRAS
Au Restaurant du Pont-Neuf

A côté du Casino, en face le magnifique viaduc près la gare du Casino, en bas de la Terrasse. MONACO.

SAISON D'HIVER 1868-69.

BAINS DE MER DE MONACO

Grand établissement hydrothérapique, à l'eau de mer et à l'eau douce, sous la direction de M. le Docteur GILLEBERT DHERCOURT.

Bains de Mer chauds. — Salles d'Inhalation. — Bains de vapeur.

La contrée de Monaco, située sur le versant des Alpes-Maritimes, est complétement abritée contre les vents du Nord ; sa température, pendant l'hiver, est la même que celle de Paris, dans les mois de juin et de juillet.

Le Casino, qui s'élève aux Spélugues, en face de la mer, offre à ses Hôtes les mêmes distractions et agréments que les établissements des bords du Rhin, Wiesbaden et Hombourg — Nouvelles salles de conversation et de Bal — Cabinet de lecture — Concerts l'après-midi et le soir — Orchestre d'élite.

Grand Hôtel de Paris, à coté du Casino. Cet Hôtel l'un des plus somptueux et plus confortables du littoral de la Méditeranée a été considérablement agrandi cette année Beaux appartements — Magnifique salle à manger — Salon de Restaurant et Café — Cabinets particuliers — Cuisine française.

La ville et la campagne de Monaco renferment des Hôtels, des Maisons particulières et des Villas, où les familles Étrangères trouvent des logements à des prix modérés. — Station télégraphique.

On se rend de Paris à Monaco, par le chemin de fer de la Méditerranée, en vingt-trois heures ; de Lyon en quinze heures ; de Marseille en sept heures, de Nice en trente-cinq minutes.

Hôtel du Prince-Albert
Tenu par EUGÈNE REY
place du Palais. MONACO

Cet hôtel entièrement remis et meublé à neuf, offre aux familles Étrangères le calme et la tranquillité d'une maison particulière. — Pension, Restaurant — Salon et café fumoir — On parle Allemand, Anglais, Français, Italien.

OMNIBUS POUR LA GARE, MENTON ET LE CASINO.

MAISON DE ROULAGE
et correspondace de
M. FÉLIX GINDRE

Courtier expéditionnaire par terre et par mer, seul autorisé et commissionnés.

BUREAU CENTRAL SUR LE PORT A MONACO ET A LA GARE

L'HOTEL DU LOUVRE
(ANCIEN HOTEL DE RUSSIE)

A proximité de la gare, du chemin de fer et du Casino.
Table d'hôte à 11 heures et à 6 heures.

LE GRAND HOTEL, à MENTON.

Magnifique établissement, en plein midi

CAFÉ RESTAURANT
de M. TERRUSSE ÉTIENNE
Avenue Victor-Emmanuel. MENTON
au Pont de Borigo.

Magnifique jardin, jeu de boules et de cricket.

PENSION VICTOR,
TENUE PAR
M. V. ARDITO
à Cimiès.

L'ex villa Visconti et Guiglia, changée aujourd'hui en une confortable pension de premier ordre, est bâtie dans une des plus belles parties de Cimiès, près des arènes romaines, du temple de Diane, du couvent de Cimiès, etc. Exposée en plein midi, au milieu d'un vaste jardin, elle domine toute la contrée et elle est abritée contre tous les vents.

Écuries et Remise. — Bains, etc. — Prix modérés.

Nous recommandons au Public la visite du magasin de :

SOIERIES ITALIENNES
DE
M. FIAT
Quai Saint-Jean-Baptiste,
en face le Square Masséna
NICE.

LES NOUVEAUX MAGASINS ET GALERIES
AU BON PASTEUR
Avenue du Prince Impérial et rue du Temple, NICE,
en face de la Maison Dorée,

Viennent de compléter les embellissements qui donnent de l'éclat et de l'animation à l'entrée de l'avenue du Prince Impérial.

Le BON PASTEUR est la seule maison qui se tienne à la hauteur des grands établissements de Paris, par l'élégance de ses articles, tels que :

SES HAUTES NOUVEAUTÉS ANGLAISES ET FRANÇAISES

spécialement réservées pour articles sur mesure. Ses **Vêtements de Fantaisie, de Voyage et d'Appartements**, son rayon spécial pour **Articles d'Enfants**, ses **Articles spéciaux pour Livrées** et ses **Vêtements** tous faits sur mesure.

Les prix sont exactement les mêmes que ceux de Paris.
PRIX FIXE ET MARQUÉ AU CHIFFRE CONNU

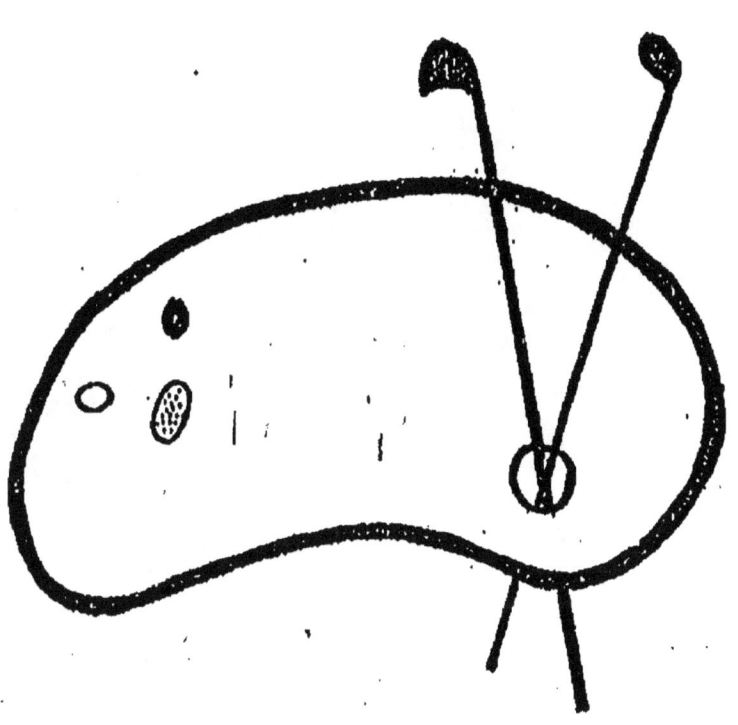

FIN D'UNE SERIE DE DOCUMENTS
EN COULEUR

www.ingramcontent.com/pod-product-compliance
Lightning Source LLC
Chambersburg PA
CBHW071509160426
43196CB00010B/1470